Paul Misar

Lizenz zum Immobilientycoon

Der Schnelleinstieg zum Immobilieninvestor

Bibliografische Information der Deutschen Bibliothek
Die Deutsche Bibliothek verzeichnet diese Publikation
in der Deutschen Nationalbibliografie;
detaillierte bibliografische Daten sind im Internet
über http://dnb.ddb.de abrufbar

Impressum
© 2017 by GeVestor Financial Publishing Group
Theodor-Heuss-Str. 2–4, 53177 Bonn
Telefon: 0228/9 55 01 80
Telefax: 0228/3 69 64 80
info@gevestor.de
www.gevestor.de

Bereichsvorstand: Hans Joachim Oberhettinger
Produktmanagerin: Kristin Andreas
info@gevestor-immobilien.de
www.gevestor.de/immobilien

Druck: CPI books GmbH, 25917 Leck

GeVestor ist ein Unternehmensbereich
der Verlag für die Deutsche Wirtschaft AG
Vorstand: Guido Ems, Helmut Graf, Frederik Palm
USt.-ID: DE 812639372
Amtsgericht Bonn, HRB 8165
© Verlag für die Deutsche Wirtschaft AG

ISBN: 978-3-8125-2525-1

Alle Rechte vorbehalten. Nachdruck, Weitergabe und sonstige
Reproduktionen nur mit Genehmigung des Verlags.

INHALT

Einleitung
    Wenn Sie wissen wollen, wie man nahezu ohne Eigenkapital Millionen mit Immobilien macht, dann wird Sie dieses Buch nicht mehr loslassen.   7

1   Hier geht's los: Bloß keine falsche Förmlichkeit!   15

2   Einstimmung für alle, für die Immobilieninvestment noch ein Buch mit sieben Siegeln ist – oder: Warum es kaum Reiche ohne Immobilien   19

3   Worüber wir in diesem Buch nicht sprechen? Das Eigenheim als Investment   31

4   Die Schnellstraße zur finanziellen Freiheit   35

5   Haftungsausschluss und Selbstverantwortung   39

6   Warum JETZT die Zeit für DICH ist, Immobilieninvestor zu werden   43

7   Eine erregende Loft-Story – oder: Welche gemischten Gefühle mich mit Bill Clinton verbinden und was das mit meiner Immobilienkarriere zu tun hat   55

8   Fehler ungeübter Investoren – und wie du sie vermeidest   69

9   Das richtige Mindset für Tycoons FundaMENTAL wichtig: Richte dein Mindset richtig aus   77

10	Wohlstand hat immer einen guten Grund: Grundbesitz und warum auch du ihn brauchst	95
11	Das Mäntelchen – oder: Wie solltest du deine Immobilie am besten kaufen?	105
12	Motivation: Mindset – Die Parabel von der Wasserleitung	109
13	Endziel Geldmaschinenpark: Sei schlauer als 99% deiner Mitmenschen!	121
14	Übernimm Ver-Antwort-ung für dein Geld – oder: Wer die Spielregeln nicht kennt, verliert das Immobilien-Spiel!	125
15	Steuern sparen – das falsche Kaufmotiv!	133
16	Zieh deine Lehre aus der Leere – Wissenswertes zum Thema Immobilienleerstand	135
17	Bitte kein Plattenbau im Hirn: Wichtige Tipps bei der Auswahl deiner Immobilie	139
18	Procedere vor dem Kauf – die Due-Dilligence-Phase	145
19	Das Haus muss zu dir passen: Vor- und Nachteile unterschiedlicher Immobilienarten	151
20	Suchen statt fluchen – Wie du die richtige Immobilie findest	167
21	Nicht nur das Dach sollte dicht sein: Beachte die unterschiedlichen Immobilien-Investorenstrategien	171

22	Bloß nicht mit den Banken zanken: So sicherst du dir klassische Finanzierungsmöglichkeiten	195
23	Liebe deine Immobilien – mit Leib und Seele!	199
24	Vater Staat wohnt immer mit: Von Steuern, Finanzämtern und anderen ungeliebten Überraschungen – wenn du diese nicht vorher einkalkulierst	205
25	Trau, schau, wem: Augen auf bei Hausverwaltern, Mietern und Mietnomaden	211
26	Der richtige Umgang mit Mietern	221
27	ABC der klassischen Bankenfinanzierung	233
28	Der erste Eindruck zählt: Das alles gehört in ein erfolgsträchtiges Exposé	245
29	Augen auf beim Immobilienverkauf! Was es da so alles zu beachten gibt	249
30	Jetzt liegt es an dir! Pauls Erfolgsgeschichte	255
31	Die 12 Tycoon-Gebote des PAUL MISAR	293

Anhang
  Checklisten   295

Einleitung

Wenn Sie wissen wollen, wie man nahezu ohne Eigenkapital Millionen mit Immobilien macht, dann wird Sie dieses Buch nicht mehr loslassen

Hier ist der Grund …

Mein Name ist Paul Misar. Ich bin als einfacher Junge aus Wien in einem Arbeiterbezirk geboren. Keine reichen Eltern und nicht mit silbernen Löffeln im Mund aufgewachsen.

Ganz im Gegenteil: Ich erinnere mich noch an viele Momente, wo ich mir bitterarm vorkam. Zum Beispiel, wenn ich irgendwelche Klamotten anderer Leute tragen musste oder ich in Mehrfamilienhäusern Mülleimer für ältere Damen ausleeren ging, um mir einige Schilling Taschengeld zu erarbeiten.

Aber ich wusste: Ich würde eines Tages finanziell frei sein und Wohlstand genießen – wie lange und beschwerlich dieser Weg dorthin auch sein würde. Und ich begann deshalb, die Reichen zu studieren. Besonders bemerkte ich, dass es kaum reiche Personen gab, die nicht auch reichlich Immobilien besaßen. Das faszinierte mich.

Und dann entdeckte ich einige der raffiniertesten Immobiliengeheimnisse der Reichen. Und das sollte mein Leben verändern.

In diesem Buch werden Sie nicht nur dieses ultimative Geheimnis der Reichen, sondern einige meiner Geheimnisse erfahren. An dieser Stelle übrigens noch eine kleine Vorwarnung ...

- Wenn Sie denken, dass es keine gute Idee ist, mit 0,00% Eigenmitteln Immobiliendeals abzuwickeln, um dann zu sehen, wie Vermögenswerte von 0 auf 385.000 € springen und sich insgeheim denken: »Das funktioniert sowieso nicht...«, dann sollten Sie dieses Buch nicht lesen.
- Wenn Sie denken, dass es falsch ist, eine Immobilienidee zu modellieren und sie von einem Kontinent zum anderen zu bringen, um kurze Zeit später Millionär zu werden ... dann ist dieses Buch ebenfalls nicht geeignet für Sie!
- Wenn Sie denken, dass es kein gutes Geschäft ist, eine kleine Lagerhalle von 600 m² Lagerfläche in 15 Kleinwohnungen zu verwandeln, um sie dann an einen Großinvestor zu verkaufen ... Auch dann ist dieses Buch nichts für Sie.

Doch wenn Sie nach etwas Realem suchen ...
   Nach einer echten Chance, um aus eigener Kraft finanziell frei und wirklich reich zu werden, dann enthält dieses Buch wahrscheinlich die lukrativste Information, die Ihnen je zugespielt wurde. Sie müssen den Ball nur fangen ... dass meine ich ganz ehrlich – es liegt jetzt nur an Ihnen!

Das ist keine Übertreibung. Ganz im Gegenteil!

Wenn Sie mich je erleben – im TV, auf einem meiner Vorträge, ja am besten natürlich live –, dann werden Sie mich verstehen, gerade wenn es um Immobilien und finanzielle Freiheit geht.

Ich habe früher viele Deals gemacht, indem ich Firmen gekauft in halb kaputtem Zustand habe, sie saniert habe und einige Monate oder Jahre später mit saftigem Gewinn verkaufen konnte. Und ich habe Ähnliches gemacht mit Immobilien. Tatsächlich gibt es viele Parallelen. So wie manche nicht den wahren Wert einer Firma kennen, weil sie sich von einigen schlechten Bilanzen täuschen lassen, obwohl die Firma vielleicht über viele positive Softfacts verfügt, erkennen viele nicht die Aufwertungspotenziale in Immobilien.

Genauso wie es bei einer Firma wichtig ist, rasch Gewinne zu schreiben und positiven Cashflow, gilt das auch für gute Immobilien. Wenn Sie eine Immobilie managen wie eine Firma, machen Sie schon ziemlich viel richtig, denn die Parallelen sind vielseitig. Und wie gesagt:

Die gute Nachricht: All diese Dinge kann man lernen, und ich habe sie gelernt. Also werden Sie es auch schaffen.

Ich habe beschlossen, meine Erfahrungen zu teilen. Sie werden keinen anderen finden, der Ihnen die Bälle so zuwirft. Ich sage das nicht, weil ich heute endlich das Leben meiner Träume lebe – auf Mallorca, in Wien, in LA oder Florida. Nein, ich sage das, weil ich einer war, der ganz unten war. Und glauben Sie mir: So weit unten wollen Sie nie gewesen sein. Ich war tief in der Mittellosigkeit. Ich war so arm, dass ich mich dafür schämte. Jeden einzelnen Tag. Ich schämte mich für mein Zuhause, für die Klamotten, die ich trug, und für das Fahrrad, mit dem ich zur Schule fuhr.

Doch ich traf eine Entscheidung, obwohl ich damals erst 13 Jahre alt war und in einem Wiener Arbeiterbezirk aufgewachsen war. In einer der schönsten Städte der Welt – aber in einem der schlechtesten Bezirke. Prügeleien nach der Schule waren an der Tagesordnung, ebenso wie Ausländerfeindlichkeit, Futterneid und Armutsdenken, wohin man blicken konnte. Ich aber hatte mich entschlossen, mich mit diesem Leben nicht abzufinden. Nie!!! Ich wollte dem Schmerz der Armut entrinnen. Ich wollte mehr. Mehr Leben!

Mehr Freiheit!!

Mehr Luxus!!!

Und ich gebe es zu – auch mehr Geld, um das alles zu machbar werden zu lassen.

Und ich tat alles dafür, um das zu erfahren, was Sie jetzt erfahren werden. Und ich möchte, dass Sie Folgendes wissen ...

Ganz egal, wie es Ihnen gerade geht, woher Sie kommen, wie Sie aussehen, wie Sie leben, wie jung oder alt, klein oder groß oder arm oder reich Sie sind: Ich bin in der Lage, Ihnen die Bälle so zuzuwerfen, dass Sie lukrative Immobilien-Chancen erkennen und abschließen, lange, bevor die Masse davon Wind bekommt!

Sie müssen einfach nur sagen: »Ja, ich bin bereit!« Ich bin mir sicher, dass all Ihre Alarmsysteme im Moment auf Rot stehen. Das war bei mir genauso, als mein damaliger Mentor mir von seinen ersten Deals erzählte und dass ich bald ähnliche abschließen würde.

Und vielleicht denken Sie sogar, dass Sie gerade die Zeilen eines »Verrückten« lesen. Auch damit könnte ich leben. Denn Sie haben recht. Ich bin »verrückt« im Sinne von ver - rückt, also abseits des Mainstreams. Die Masse ist pleite, und ich will gern freiwillig ANDERS sein. Die Masse hat viel zu wenig Zeit für ihre Familie und die Menschen, die ihnen lieb sind, inklusive ihrer Freunde und Hobbys. Auch damit will ich mich nicht mehr identifizieren. Die Masse hat ihre Träume im Kinderzimmer vergessen oder bewusst beerdigt, aber auch das werde ich nie akzeptieren. Also werden Sie bitte auch ein bisschen verrückt – jedes Kind kann es, aber dann wird es uns abtrainiert, so wie Wildkatzen im Käfig dressiert werden. Genau das hat man mit uns versucht. Bei 98% der Menschen ist es gelungen, sie fürs Hamsterrad zu dressieren – gegen einen Monatsscheck. Dieser Monatsscheck oder auch eine Überweisung aufs Gehaltskonto wirkt für die Meisten wie die Glocke bei den pawlowschen Hunden. Wenn diese läutet, setzt der Speichelfluss ein und sie rennen los. Alles andere war dann uninteressant für diese Kreaturen.

Praktisch abgerichtet? SEIEN SIE ANDERS!

Gewöhnen Sie sich an, nicht mit der Masse zu gehen, denn die Massen sind sehr oft dumm und laufen wie die

Lemminge ins Verderben. SEIEN SIE ANDERS ALS ALLE ANDEREN!!

Daher: Wenn Sie jemals daran gedacht haben, finanziell frei und reich zu werden (auch wenn es nur eine Minute war) – dann möchte ich Ihnen jetzt ein Versprechen geben ... Studieren Sie dieses Buch sehr genau! Nicht nur überfliegen und lesen. Nein, Studieren! Ich meine das sehr ernst, denn es könnte Ihnen sonst die Chance Ihres Lebens entgehen in puncto finanzieller Freiheit.

Markieren Sie wichtige Absätze und lesen Sie diese immer und immer wieder. Wenn Sie unsicher sind und Hilfe brauchen, schreiben Sie mir gern unter info@bestofbest.eu

Nach dieser Lektüre – das verspreche ich – werden Sie nie wieder die- oder derselbe sein. Und wahrscheinlich werden Sie das beste Geschäft Ihres Lebens machen.

So, und jetzt lassen Sie uns keine Zeit mehr verlieren und sofort starten! Lassen Sie uns direkt in die Materie einsteigen und dann rasch mit den TUN beginnen. Denn nur angewandtes Wissen ist Wissen, das Sie weiterbringt im Leben.

Viel Freude beim Lesen wünscht
Ihr

PAUL MISAR

PS

Wo wir gerade vom Lesen reden: Dieses Buch folgt nicht unbedingt den Regeln einen »Lehrgangs«, der aus aufeinanderfolgenden Lektionen besteht, die aufeinander aufbauen. Natürlich können Sie den Inhalt meines Buches wie gewohnt aufnehmen, also von vorn nach hinten lesen. Sie müssen es aber nicht; Sie können sich ebenso gut jene Themen-Rosinen herauspicken, die Ihnen spontan am ehesten zusagen. Und dort fangen Sie einfach Ihre Lektüre an. Mittendrin, von mir aus.

Anders gesagt: Dieses Buch versteht sich als »Reader«, als Sammlung verschiedener Themen, die eher lose miteinander verbunden sind. Der Natur solch eines Readers ist es geschuldet, dass Informationen, die ich in Kapitel A wiedergegeben habe, zum Teil auch in Kapitel E oder Z nachgelesen werden können – entweder im gleichen Wortlaut oder sinngemäß. Das erspart den »Rosinenpickern« unter Ihnen, mitten in der Lektüre eines anregenden Kapitels abzubrechen, hin- und herzublättern und erst noch an anderer Stelle Informationen nachlesen zu müssen, die für das Verständnis ihres Wunsch-Kapitels wichtig sind.

1
Hier geht's los

Bloß keine falsche Förmlichkeit!

Gleich zu Anfang eine Frage oder vielmehr eine ernst gemeinte Bitte. Wenn wir gemeinsam mit der Immobilien-Materie auf »du und du« sein wollen – warum dann nicht gleich miteinander?

Studien, die sich mit unserem Unterbewusstsein beschäftigen, haben festgestellt, dass du viel mehr beim Lesen verinnerlichst, wenn du per DU angesprochen wirst als per Sie. Lass uns also bitte hier in diesem Buch per DU kommunizieren. Wenn du mich später unbedingt beim Seminar treffen möchtest oder wenn wir uns im Yachtclub auf Mallorca treffen und du per SIE sein möchtest – meinetwegen. Wenn du darauf bestehst …

Darf ich bitte nochmals kurz etwas zu meiner Person sagen, denn das ist im Verlauf des Buches nicht unwichtig für dich zu wissen. Ich bin seit Jahrzehnten als Immobilien-Entrepreneur unterwegs. Aber nicht ausschließlich.

Den Namen Paul Misar verbindet man zudem mit den Begriffen »Mentor«, »Berater«, »Investor« und last but not least LIFEDESIGNENTREPRENEUR … Wobei, ich gebe es zu, die Liste noch länger ausfallen könnte.

Ich erwähne das an dieser Stelle keineswegs, um mich »WICHTIG« zu machen. Ich hasse »WICHTIGTUER«, die nichts draufhaben. Die Beraterszene ist voll davon und auch die Trainerszene. Sorry, dass ich das so knallhart sage, aber da rennen Typen rum, die in ihrem Leben nichts auf die Reihe bekommen haben und deren Firma nicht wirklich gut läuft – außer ihr Trainingsunternehmen. Aber ausgerechnet diese Leute erzählen anderen, wie sie erfolgreicher werden können. Tut mir leid, aber ich bin Quereinsteiger in der Trainerbranche und spreche Klartext.

Die Branche ist übersät von Blendern und Einäugigen, die Blinde leiten möchten.

Entschuldigung, aber ich kann nicht anders, als das Kind beim Namen zu nennen und liebe es, dass mich andere dafür hassen, dass ich die Wahrheit ausspreche. Und ich werde mir den Mund auch nicht verbinden lassen.

Vergiss also die ganzen Verkaufstrainer, die selbst nie gut verkauft haben und deshalb Trainer geworden sind. Vergiss bitte – wenn es um Unternehmertum und finanzielle Freiheit geht – die »Unternehmer« als Lehrmeister, die selbst mit ihren Discos und Fitnesscentern oder auch in anderen Branchen vor Jahren Pleiten hingelegt haben und heute anderen erzählen wollen, wie es gemacht wird. Vergiss aber vor allem auch die selbsternannten Internetgurus, die dir alle das schnelle Geld versprechen, obwohl sie selbst davon noch träumen.

Um dir den feinen Unterschied zu zeigen: Ich komme aus der unternehmerischen Praxis und erzähle dir nur Dinge, die ich auch selbst getestet habe. Ich habe elf erfolgreiche Unternehmen, und zwar einige davon im Immobilien- und Weiterbildungsbereich. Weiterhin bin ich sogar an Produktionsbetrieben und einer Fabrik beteiligt. Trotzdem an dieser Stelle eine klare Ansage: Das richtige Mindset ist für einen angehenden Immobilientycoon enorm wichtig. So wichtig, dass ich es als sein wichtigstes »Arbeitswerkzeug« schlechthin einstufe. Die besten Insidertipps oder die ausgefuchstesten Kaufverhandlungsstrategien sind für die Katz, wenn es »da oben« hakt, wenn die geistige Einstellung im Argen liegt, wenn das »mentale Oberstübchen« partout nicht übers Besenkammerniveau hinauswachsen will.

Wir müssen uns also intensiv dem Thema »Das Mindset richtig anpassen« zuwenden. Und – wir müssen diesen Schritt gemeinsam tun. Vertrauensvoll. Hand in Hand.

Denn im Gegensatz zu Immobilien lässt sich das richtige Mindset nicht käuflich erwerben; man muss es sich antrainieren. Am besten mit Hilfe eines Coaches oder Mentors, der einem den Kopf zurechtrückt oder sogar ordentlich »wäscht«, wenn man drauf und dran ist, sich (mal wieder) durch Selbstzweifel eigenhändig zu sabotieren. Dann braucht man das, was man einen guten Freund nennt.

Und wie redet man mit und zu einem guten Freund? Einem Freund, dem man bedenkenlos alles anvertraut? Den man sein Innerstes nach außen kehren lässt? Vor dem man keine Geheimnisse hat? Der einem nahesteht?

Wohl kaum mit »Sie«, nicht wahr?

Meine wirklich langjährige Coachingerfahrung lehrt mich, dass wir diese notwendige gemeinsame Operationsbasis am schnellsten und wirkungsvollsten aufbauen, wenn wir von Beginn an auf trennende Förmlichkeiten verzichten, die uns nur unnötig voneinander abschotten. Deshalb schlage ich vor, dass wir in diesem Buch ab jetzt zum vertraulichen »du« übergehen.

Einverstanden?

Ich habe das in vielen meiner anderen Bücher ebenso gehalten und bislang nur positive Rückmeldungen bekommen.

Also, bist du dabei? Dann lass uns jetzt gemeinsam ans Werk gehen, du und ich!

2
Einstimmung für alle, für die Immobilieninvestment noch ein Buch mit sieben Siegeln ist

Oder: Warum es kaum Reiche ohne Immobilien gibt

Dir darf ich gratulieren. Sogar dreifach.

Erstens: Weil du dich ernsthaft mit dem Gedanken trägst, jetzt Immobilienbesitz zu erwerben. Ich versichere dir, dass Immobilien das mit Abstand zuverlässigste Mittel sind, wenn du in einem überschaubaren zeitlichen Rahmen deine finanzielle Freiheit erreichen willst.

Zweitens: Weil dir mein Buch alles an Grundlagenwissen vermittelt, was du brauchst, um deine ersten Schritte ins gelobte Land der Immobilien zu machen. Ohne Straucheln. Ohne Irrwege. Ohne Genickbruch.

Drittens: Weil dir dieses Buch einen phänomenalen Bonus mitgibt – Die raffinierten Tricks nämlich, durch die die Immobilientycoons dieser Welt das geworden sind, für das sie heute beneidet werden. Zählst auch du zu diesen Neidern? Ich hoffe nicht, denn Neid hindert Menschen, selbst erfolgreicher zu werden.

Keine Sorge: Am Ende dieses Buches wirst du ebenso gut »brüllen« können wie manche Immobilientycoons oder Baulöwen. Gut möglich aber, dass du dem Thema Immobilien unschlüssig gegenübertrittst. Sorry, ich kenne dich ja (noch) nicht persönlich. Kann ja sein, oder? Womöglich stehst du gerade in der Buchhandlung deines Vertrauens, blätterst unschlüssig mein Werk durch und fragst dich, ob der Obolus für seinen Kauf gut angelegt wäre. Immerhin gibt es für die Summe einen Imbiss für zwei im »Goldenen M« (Volksmund für: McDonald's). Oder eine Kinokarte. Oder, ganz naheliegend, ein anderes Druckerzeugnis, das dich spontan mehr reizt.

Warum also solltest du dich um diese oder andere Vergnügen bringen? Warum legt ausgerechnet dieses Buch die Grundlage dafür, dass du in ein paar Jahren gar nicht mehr lange hin und her überlegen musst, ob du den Inhalt deines Portemonnaies nun für ein schönes Buch, einen Kinobesuch oder für deinen Lieblings-Chinesen ausgeben sollst? (Wenn du dich das wirklich noch immer fragst, bist du verdammt blau [Farbenlehre der Charaktere] strukturiert und solltest beginnen, auf dein Bauchgefühl zu hören, denn wenn dieses dir nicht gerade versuchen würde zu helfen, wäre das Buch schon retour im Regal!!!)

Los. Bitte: neuer Denkansatz, und zwar jetzt und gleich. Warum wirst du dich schon bald ohne Zögern für all das gleichzeitig entscheiden können – und noch vieles, vieles mehr, jeden Tag, ohne dass der Dispomelder an deinem Smartphone aus Verzweiflung heißläuft?

Die Antwort auf diese Frage liefern dir drei berühmte Hollywood-Schauspieler.

Der erste aus diesem Trio weilt leider nicht mehr unter den Lebenden, hat uns aber einen entscheidenden Gedankensplitter hinterlassen ...

Geld allein macht nicht glücklich. Es gehören auch noch Aktien, Gold und Grundstücke dazu.

Danny Kaye, US-Schauspieler

Und ja, eine weitere Frage liegt dabei nahe ...

Was haben Nicolas Cage und Arnold Schwarzenegger mit deiner finanziellen Freiheit zu tun?

Fassen wir einmal die Gemeinsamkeiten dieser zwei Herren zusammen. Du kennst sie bestimmt: Beide lassen es meist als Action-Filmschauspieler so richtig krachen. Nicolas Cage setzt dabei immer diesen vorwurfsvoll-gebrochenen Blick auf, den uns auch hochbetagte, todgeweihte Beagles zuwerfen, kurz bevor wir sie zum Einschläfern in der Tierklinik abgeben.

Arnie hingegen hat eigentlich nie irgendeinen wirklich nennenswerten Blick drauf. Aber egal. Wichtig ist für dich: Beide haben die Hollywood-Millionen nur so gescheffelt. Es sei ihnen gegönnt.

Konzentrieren wir uns zunächst auf meinen Landsmann, der, man glaubt es kaum, auch mal klein angefangen hat. Ganz klein sogar. Den Traum von der großen Filmkarriere hat er zwar entschlossen verfolgt, kaum, dass er seinen muskulösen Fuß auf amerikanischen Boden gesetzt hat. Aber seine allerersten Schritte im Filmgeschäft waren nicht mehr als bescheidene Kleinkindtapser. Er wollte immer wachsen, aber alle anderen haben ihn am Anfang belächelt, später bekämpft und am Ende versucht, best friends zu werden. Der übliche Weg. Er war aber zum Glück nicht so dumm, sich mit falschen Freunden einzulassen. Aber zurück zu den Kleinkindtapsern, die sein Leben immer anfänglich prägten.

Dasselbe kleine Ausmaß muss man folglich seinen anfänglichen Gagen bescheinigen. Was aber hat Arnie mit dem bisschen Geld gemacht? Es investiert. In Immobilien. In angemessen kleine Immobilien zunächst.

Der springende Punkt, gerade für dich: Arnold Schwarzenegger hat diese Immobilien diszipliniert als Renditeobjekte betrachtet. Als nimmermüde Geldmaschinen. Als Basis für seine finanzielle Freiheit, die es ihm etwas später erlaubt hat, auch mal Häuser zum eigenen Wohnvergnügen zu kaufen.

Der Rest ist bekannt: Arnie war und ist ein unverwüstlicher Topstar, der zwischenzeitlich obendrein als Gouverneur von Kalifornien Regierungsverantwortung getragen hat. Er ist ganz oben. Vielleicht muss er sich als Fast-Siebzigjähriger um seine Prostata Sorgen machen oder um seinen Haarwuchs. Um sein Einkommen jedoch nie und nimmer: Um an genügend Geld zu kommen, muss er keinerlei »Äääkschn« mehr auf sich nehmen. Was das angeht, kann er die Beine hochlegen.

Bei Nicolas Cage muss das anders gelaufen sein. Um nicht zu sagen: dumm gelaufen. Zwar hat auch Mister-Beagle-Blick dank seiner Filmerfolge die Konten in seinem Bestand nach und nach mit immer üppiger werdenden Schauspielergagen in 2- oder 3-stelliger Millionenhöhe zum Platzen gebracht. Das Wirtschaftsmagazin FORBES verortete ihn Mitte der 2000er-Jahre bei den Topverdienern der Hollywood-Garde. Aber von diesen Pi mal Daumen 150 Millionen US-Dollar ist heute, gut zehn Jahre später, (fast) nichts mehr da. Alles weg!

Nicolas Cage verjubelte seine Millionengagen unbekümmert und steckte sie in eine eigene Bahamas-Insel, Lustschlösser und Luxusimmobilien fürs mondäne Privatleben. Das alles hat Geld gefressen, aber keinen Cent abgeworfen.

Zu allem Unglück kroch er zu seinen Topverdienerzeiten den unvermeidlichen falschen Beratern auf den Leim. Glaubt man dem Internet, hat er überdies einen ordentlichen Batzen Geld für einen echten fossilen Tyrannosaurus-Rex-Schädel springen lassen, als exklusiven Blickfang, erworben fürs traute Eigenheim. Na, ja, wer es mag …

Zu schlechter Letzt stufte die amerikanische Steuerbehörde seine Steuererklärungen als unangemessenen Beitrag zur Fantasy-Literatur ein. Gigantische Steuernachforderungen blieben nicht aus. Sie haben Nicolas Cages Vermögen stark schrumpfen lassen. So stark, dass er bis heute so ziemlich alles aus seinem Besitz versilbern musste, um Uncle Sam davon abzuhalten, ihn mindestens ebenso tödlich zu beißen wie ein waschechter T-Rex.

Inzwischen verlässt er seine verhältnismäßig bescheidene Mietwohnung allmorgendlich, um in einem Fastfood-Restaurant ein nicht minder bescheidenes Rührei zum Frühstück zu bestellen und dazu einen nach Warmhalteplatte schmeckenden, abgestandenen Filterkaffee aus dem Pappbecher zu trinken. Und das sogar bei sommerlichen Hitzegraden stets und ständig mit schamhaft hochgezogener Pulloverkapuze, damit bloß niemand den gefallenen Leinwandhelden erkennt (was allerdings nicht durchgehend klappt, sonst wüssten wir ja wohl kaum von seinem traurigen Schicksal). Adieu, du schöne Superreichenwelt, willkommen bei Al Bundy. Autsch!

Sein einziger Trost: Nicolas Cage ist beileibe nicht der Einzige, der im Umgang mit Millionengagen nicht ganz bei Trost war.

Die US-Sängerin Dionne Warwick etwa landete in Laufe ihres Lebens etliche Nr.-1-Chart-Hits; die Älteren erinnern sich bestimmt noch an ihren Schmuse-Ohrwurm »Heartbreaker« Anfang der Achtziger. Einen entsprechend üppigen Umfang wiesen ihre Bankkonten auf. Allerdings haben Steuernachforderungen in schwindelerregender Millionenhöhe Mrs. Warwick mittlerweile in die Insolvenz getrieben. Denn auch als Cousine der nicht minder bekannten Whitney Houston briet man ihr bei der Steuerbehörde keine Extrawurst. Tja, »Walk On By!«, möchte man einen der ganz frühen Warwick-Hits zitieren, mit Blick auf die vom Steuerbehördenwinde verwehten Millionen – »Geh einfach weiter!«

Haben wir eben vom üppigen Umfang geredet? Da fällt mir prompt noch Pamela Anderson ein: prall-blonder Doppel-D-Männertraum der 1980er- und 1990-er und Star des TV-Renners »Baywatch«, die ich bedauerlicherweise erst 2012 persönlich kennengelernt habe. Suchst du gerade Bedauern in meiner Stimme? Es ist unbegründet, weil ich mittlerweile wieder meine Traumfrau gefunden habe. In ihren Glanzzeiten musste Pam sich um ihren Kontostand keine Gedanken und erst recht keine Sorgen machen. Jetzt, da sie in den besten Jahren ist und die guten leider hinter sich hat, sieht die Sache anders aus: Die fetten Millionen auf dem Konto von einst sind nur noch eine schöne Erinnerung. Die einstige Erotik-Ikone, die 2016 mit Ende 40 immerhin noch einmal für die Titelseite der letzten Nackt-Ausgabe des US-Playboy-Magazins blankziehen durfte, ist ebenso blank, wenn es ums liebe Geld geht. Monatelang hauste sie sogar in einem Wohnwagen, wobei diese pragmatische Antwort auf ihre Wohnungsnot purer Geldnot geschuldet sein dürfte – aller Dementis zum Trotz, die Pam zu diesem Thema über die immer noch attraktiven Lippen kamen. Heute nimmt sie mit dem Mut der Verzweiflung so gut wie alles an – jedes noch so bescheidene Rollenangebot, jeden noch so entwürdigenden Trash-TV-Auftritt. Hauptsache, es kommt was in die Kasse, um die Miesen abzustottern.

Es gäbe noch von Dutzenden weiteren ähnlich abschreckenden Beispielen zu berichten, und im weiteren Verlauf dieses Buches werde ich das auch tun. An dieser Stelle lasse ich es aber erst einmal damit bewenden. Genug der Grausamkeiten. Denn die wichtigste Erkenntnis in Sachen finanzieller Freiheit dürfte dir klar geworden sein ...

Ein hohes Einkommen allein garantiert dir nie im Leben dauerhafte finanzielle Freiheit.

Finanzielle Freiheit lässt sich nicht für schlechte Zeiten in Flaschen abfüllen, ins Schließfach stecken oder in absoluten Zahlen ausdrücken. Der antike griechische Philosoph Diogenes soll in einer Tonne gehaust haben – und damit rundum glücklich und zufrieden gewesen sein. Ohne eine rote Drachme in der Tasche (oder womit man damals auch immer bezahlt hat) genoss dieser Denker totale finanzielle Freiheit. Denn wer kann schon reicher sein als ein Mensch, der absolut nichts benötigt und dabei nichts vermisst?

Herr Cage hingegen hat offenkundig kein Auskommen mit satten 150 Millionen US-Dollar Einkommen gefunden.

Neben deinem Einkommen muss es folglich einen anderen Erfolgsfaktor geben, der deiner finanziellen Freiheit Stabilität und Dauerhaftigkeit verleiht. Du wirst diesen Faktor erkannt haben: Es geht ums richtige Investieren. Darum, einen Teil deines Einkommens so klug anzulegen, dass dieses Kapital für dich arbeitet. Vielleicht ist das die wichtigste Erkenntnis überhaupt, wenn du finanziell frei werden möchtest.

Du musst aufhören, pausenlos nur für dein Geld zu arbeiten, sondern musst Systeme schaffen, damit dein Geld für DICH arbeitet. Dir also möglichst ohne Unterbrechung mehr Geld einbringt, als du dafür aufgewendet hast. Und das bei minimiertem Ausfallrisiko.

Und prompt betreten wir ein weites Feld, um mit Theodor Fontane zu sprechen. Ein ziemlich weites sogar. Die einen schwören auf Aktien und andere auf Wertpapiere. Manche wandeln ihre Barschaft in Gold um, in seltene Erden, Erdöl, Kunstwerke, Oldtimer, Weinberge und Ähnliches. Wieder andere vergeben privat Kredite, die sie sich verzinsen lassen ... und, und, und.

Kann man alles machen, keine Frage. Ich selbst habe in der Hinsicht auch schon so einige Erfahrungen gesammelt. Um früher oder später meine Priorität (wieder) auf jene Anlageform zu legen, die sich von alters her am besten bewährt hat: Rendite-Immobilien.

Vorausgesetzt, du gehst die Sache richtig an, indem du beispielsweise das Wissen aus diesem Buch anwendest, wirst du feststellen ...

Mit den richtigen Immobilien wirst du deutlich schneller finanziell frei sein als mit anderen Methoden.

Warum gerade Immobilien?

Ich werde diese Frage später noch sehr ausführlich beantworten, aber 10 Punkte schon mal vorab:

1. Gute Immobilien sind SICHERE SACHWERTE.
2. Gute Immobilien BRINGEN LAUFEND CASHFLOW.
3. Gute Immobilien BRINGEN HOHE RENDITEN.
4. Gute Immobilien sind INFLATIONSSCHUTZ.

Und ergänzend hierzu – warum gerade heute?

5. Gute Immobilien waren aufgrund der niedrigen Zinsen NOCH NIE SO GÜNSTIG.

6. NOCH NIE SEIT DEM 2. WELTKRIEG gab es in Deutschland so einen WOHNUNGSMANGEL wie heute in den großen Städten.
7. NOCH NIE SEIT GRÜNDUNG DER EU waren wir einem Crash so nahe. (Warum das für Immobilien spricht, werde ich später in diesem Buch erläutern.)
8. NOCH NIE sind die Mieten in den deutschen Metropolen so explodiert wie seit 2013.
9. NOCH NIE WAR DIE GEFAHR EINER WÄHRUNGSREFORM SO REAL wie seit 1948.
10. Durch die demografischen Veränderungen wie Steigerung der Singleraten, Wachstum der Städte, Längere Lebenszeiten etc. wird der Bedarf an Wohnungen weiter steigen und ist eine Besserung der Wohnraumverknappung in Ballungszentren in absehbarer Zeit nicht zu erwarten.

Bevor wir uns die einzelnen Punkte später in diesem Buch noch sehr genau ansehen, wollen wir die Frage erläutern, was nahezu alle reichen Menschen miteinander verbindet. Möglicherweise kennst du die Lösung schon?

Ich habe viele vermögende Menschen persönlich kennenlernen dürfen. Und mich überdies aus der Ferne über viele andere Persönlichkeiten informiert, die ihre finanzielle Freiheit längst genießen. Jeder dieser Charaktere hat mich durch seine Individualität beeindruckt. Jede und jeder hat ihr oder sein Ding durchgezogen.

Aber all diese Vorbilder – ausnahmslos ALLE! – hatten oder haben eine Eigenschaft gemeinsam: Sie haben mehr oder minder ausgeprägt in Rendite-Immobilien investiert. In Beton-Gold. In Mauer-Money.

Da wird dem altehrwürdigen Begriff »steinreich« gleich eine ganz neue Bedeutungsfacette eingeschliffen: Wer zu den Selftmade-Reichen zählt und nicht gerade im Internet den großen Wurf gelandet hat, der hat das in aller Regel mit tatkräftiger Unterstützung von geschickt (!) vorgenommenen Immobilieninvestitionen geschafft. Was belegen seriöse Untersuchungen über Menschen, die aus eigener Kraft und ohne pures Lotto- oder Erbschaftsglück zum Millionär aufgestiegen sind? Dass sie das viermal häufiger mit Immobilieninvestments bewältigt haben als ausschließlich mit Aktien oder anderen Spekulationen. Multimillionäre mit mehr als 30 Millionen US-Dollar auf der hohen Kante legen in aller Regel mindestens 25% ihres Vermögens in Rendite-Immobilien an. In zwei Dritteln dieser Fälle sogar als direktes Investment, also nicht mithilfe von Fonds.

Du hältst das für Zufall? Nicht doch ...

3
Worüber wir in diesem Buch nicht sprechen? Das Eigenheim als Investment

Viele Menschen denken, das Eigenheim wäre eine geniale Form der Geldanlage und der Zukunftsabsicherung. Warum das meiner Meinung nach nicht der Fall ist, werde ich hier kurz erläutern:

Lass uns zuerst damit beginnen, wie der durchschnittlicher Deutsche oder Österreicher tickt. Die Meinung der Masse ist ...

Ich baue oder kaufe mir ein Eigenheim – wenn es sein muss, mit einem hypothekarisch besicherten Darlehen – und spare mir damit die Miete. Aber ist eine selbst genutzte Immobilie tatsächlich eine Geldanlage? Und was spricht dagegen?

Das Eigenheim ist eine lebenslange Verbindlichkeit. Kein Vermögenswert. Was ist der Unterschied? Sehr einfach erklärt.

Ein Vermögenswert bringt dir laufend Geld. Eine vermietete Wohnung oder ein Mehrfamilienhaus, das du vermietet hast und dir monatlich positiven Cashflow durch die Mieten beschert, ist also klar ein Vermögenswert. Dein Eigenheim ist aber tatsächlich eine Verbindlichkeit. Lass uns mal analysieren, warum ...

Die meisten Menschen finanzieren das Eigenheim mit einem Hypothekendarlehen auf 20 bis 30 Jahre. Spätestens nach dieser Zeit – denken sie – werden sie gratis darin wohnen, als eine Art Altersvorsorge, während andere Menschen Miete zahlen.

Aber geht diese Rechnung auf?

Mal abgesehen von Kosten wie Instandhaltung, Grundsteuer, Müll etc. stehen spätestens nach dieser Zeit meistens wirklich die ersten kostspieligen Reparaturen an. Von der Eingangstür über Fenster, Dach, Keller und von regelmäßigen Ausmalarbeiten spreche ich gar nicht. Nach 20 Jahren gefallen die Bäder nicht mehr, und auch die Küche ist in die Jahre gekommen. Im Garten wird schon vorher in einen Pool investiert oder in einen Wintergarten, und auch die Sauna ist schon 20 Jahre alt, also muss eine neue her – wenn schon gleich mit Dampfkammer.

Und dann mal abgesehen vom Keller …

Wer ehrlich zu sich ist wird feststellen, dass ein Eigenheim eine wunderschöne Sache ist, wenn du es einmal geschafft hast – aber auch eine Sparkasse. In jungen Jahren wäre es viel klüger, in zwei bis drei Eigentumswohnungen zu investieren, die man vermietet, um dabei einen positiven Cashflow vom ersten Tag an zu erzielen.

Meistens wählt man ein Eigenheim, das man langfristig bewohnen will, sehr emotional aus. Und genau diese Emotion sollte der geübte Investor im Griff haben. Es kann nämlich sein, dass einem genau diese Emotion bei einem späteren Verkauf zum Verhängnis werden könnte.

Meistens investiert man in ein Eigenheim viele Dinge zu teuer, die andere Menschen im späteren Verkaufsfall nicht entsprechend abgelten. Beim Eigenheim schmeckt der Köder eben dem Eigenheimerbauer, aber nicht unbedingt einem späteren Käufer, wenn man sich nach einigen Jahren entscheidet, die Immobilie zu verkaufen.

Oftmals hat man dann ab 40 oder 50 das Problem, dass die Kinder alle außer Haus sind, das Haus halbleer steht, aber trotzdem geheizt und in Schuss gehalten werden muss.

Wenn dann noch eine Behinderung kommt, verschlimmert sich die Situation oftmals, und das Eigenheim muss behindertengerecht umgebaut werden. Was extrem teuer sein kann. Oder es muss auf die Schnelle verkauft werden, um andere wichtigere Dinge zu decken. Ein Eigenheim unter Zeitdruck zu verkaufen kann den wirtschaftlichen Ruin einleiten, wenn man nicht genügend Rücklagen hat.

4
Die Schnellstraße zur finanziellen Freiheit

Eine Aussage ist mir gleich zu Beginn dieses Kapitels wichtig:

Schreib dir diesen Satz auf, benutze ihn als Bildschirmschoner, häng ihn dir übers Bett, auf den Kühlschrank (nur nicht innen auf die Windschutzscheibe deines Fahrzeugs; sonst ist alles erlaubt) ...

Rendite-Immobilien sind deine Schnellstraße zur finanziellen Freiheit – und dieses Buch nennt dir geheime Auffahrten, mit denen du flinker auf die Überholspur kommst als andere.

- Du glaubst, dass du einfach nicht zum Immobilieninvestor taugst? Weil das in deiner Familie noch nie jemand gemacht hat? Oder in deinem Freundeskreis? Mit diesen negativen Glaubenssätzen räume ich auf. Und mit vielen anderen ebenso. Denn du wirst nur ohne diesen Ballast wirklich voll durchstarten können.
- Du gehst davon aus, dass du reich sein musst, um in Immobilien investieren zu können? Auch diesen mentalen Hemmschuh werde ich dir abstreifen. In der Tat kannst du schon mit einem geringen Betrag im unteren vierstelligen Bereich den Grundstein für deine Zukunft als Immobilieninvestor legen. Klingt fantastisch? Ist

aber eine reelle Sache. Ein paar Seiten weiter verrate ich dir alles, was du zum Losstarten brauchst.

- Und um mich dem zuzuwenden, was gerade in der heutigen Zeit vielen verhinderten Immobilieninvestoren auf den Nägeln brennt: Was, wenn Sparkasse, Volksbank oder ein anderes klassisches Kreditinstitut beim Thema »Immobilienkredit« einen Igel in der Tasche haben? Was, wenn dir die 2016 von der EU verordnete Kreditsperre für junge Familien oder »höhere Semester« deinen Bauwünschen einen dicken Strich durch die Rechnung macht? Oder wenn deine SCHUFA-Auskunft so bedrückend erscheint wie ein frischer Bombenkrater? Nun, es gibt Alternativen zur Bankfinanzierung. Und ich meine damit mitnichten einen Kredithai. Auch ich habe schon mehr als eine Immobilie ohne einen Cent Eigenkapital erworben. Ganz legal versteht sich. Und ohne, dass man mir ein halbes Jahr später zur Strafe einen Finger abgehackt hat. Ich sage nur zwei Dinge: Think different! (... um es mit Apple zu sagen, also: Denk anders! Vor allem anders als andere!) Und zweitens: Denke immer von der Lösung her, nicht vom Problem aus. Aber darauf komme ich einige Seiten weiter noch ganz ausführlich zu sprechen.

Jetzt bist du ganz Ohr, stimmt's? Jetzt willst du mehr, ach was: alles darüber wissen, welche Immobilienart in speziell deinem Fall genau die richtige ist und wie du sie zu deiner ersten Geldmaschine ausbauen kannst?

Ich gratuliere dir, dass du dir dieses Buch gekauft hast. Vielleicht wird es sogar das wichtigste Buch sein, dass du je gelesen hast und nicht nur einmal, sondern immer wieder lesen wirst. Und am besten wäre es, wenn du eine der klügsten Zeit-Investitionen tätigst: Dieses Buch nicht nur zu lesen, sondern wirklich durchzuarbeiten. Benutze Farben, streich Absätze an. Mach dir am Rand Notizen. Alle wirklich wertvollen Bücher, die ich gelesen habe, sind voll mit Anmerkungen.

Jedenfalls hältst du dieses Buch jetzt in Händen, und es war eine der besten Investitionen, die du je getätigt hast. Das Wissen dieses Buches wird dir das Zigtausendfache dessen wieder einbringen, was du dafür auf die Buchladentheke legen musstest. Das verspreche ich dir.

Übrigens nicht nur auf meine Immobilienseminare, auch auf dieses Buch gibt es eine Geld-Zurück-Garantie, wenn du nicht zufrieden bist. Solltest du nach dem Lesen des Buches dann ehrlichen Herzens zu dem Resümee kommen: »Was dieser Misar mir hier erzählt, ist alles Mist; ich kann damit nicht das geringste anfangen!« – dann schreib mir eine E-Mail oder einen Brief und sende mir dein Buch retour. Ich erstatte dir postwendend den Kaufpreis, sofern du mich zuvor darüber aufklärst, was dir im Einzelnen nicht gefallen hat oder unklar geblieben ist und ich dir wirklich nicht weiter helfen kann. Einverstanden?

So, und jetzt lass uns rasch starten. Es gibt viel zu lernen! Legen wir also los. Und wie beim Start eines Flugzeuges bitte ich dich, nicht mit halber Kraft zu starten, sondern mit 110% Vollgas. Was hast zu verlieren? Nichts. Und zu gewinnen? Alles!

Dieser Deal gilt natürlich auch für die »alten Hasen«, die schon etwas Vorerfahrung haben. Auch für dich wird noch etwas mit dabei sein, wenn du mit der richtigen Einstellung an die Sache herangehst. Du kennst ja den gefährlichsten Satz der Welt …

»Das kenne ich schon!«

Die Frage ist ja immer: »Kenne ich es, oder mache ich es?« Nur angewandtes Wissen ist wahres Wissen und hat mit TUN zu tun.

Millionen von Übergewichtigen da draußen wissen alles über gesunde Ernährung und haben volle Bücherregale zum Thema. Ebenso wie fast jeder Zigarettenraucher genau weiß, dass Rauchen gesundheitsschädlich ist – jedenfalls, wenn er lesen kann und nicht gänzlich die Augen vor der Realität verschließt. Ich kenne aber sogar Ärzte, die tolle Menschen sind – und trotzdem rauchen. Warum, wenn sie es doch ohnedies besser wissen?

Also, bitte sei offen für den Stoff der kommenden Seiten und blicke mal durch eine andere Brille. Geh mit der Einstellung an dieses Buch heran, dass du inhaltlich mindestens drei bis fünf Ideen finden wirst, die du in den nächsten 12 Monaten umsetzt. Das ist meine Bitte an dich und unser Deal – abgemacht?

Ich würde mich freuen, wenn du mir dann über deine Erfahrungen schreibst unter
pm@lifedesigner.info

5
Haftungsausschluss und Selbstverantwortung

Stopp! Etwas ganz Wichtiges »für die Akten« müssen wir hier noch unbedingt anführen: den Haftungsausschluss!

Betrachte den Abschnitt bis zum Kapitelende bitte als ausdrücklichen Haftungsausschluss. Lies bitte auch das »GROSSGEDRUCKTE«

Ich schließe hiermit jede Haftung aus, die man aus dem Inhalt dieses Buches ableiten könnte. Gleiches gilt für meine expliziten Empfehlungen und die Schlüsse, die du als Leserin oder Leser aus den Zeilen dieses Buches ziehen könntest.

Warum ich diesen Punkt so auffallend »förmlich« abhandle?

Zum einen, weil das Buch auf mehreren Kontinenten und in unterschiedlichen Sprachen erscheinen wird. Unter anderem habe ich dabei die Vereinigten Staaten von Amerika im Auge, und nicht nur dort, sondern auch in einigen anderen Ländern ist es aus rechtlichen Gründen unverzichtbar, bei Büchern wie diesem hier einen solchen Haftungsausschluss schriftlich festzuhalten. Was ich hiermit ausdrücklich noch einmal mache und damit, so hoffe ich, dem Gesetz im Erscheinungsland dieses Werkes Genüge tue.

Zum anderen, weil es mir generell wichtig ist, dass du eigenverantwortlich handelst. Ich bin nicht dein Kindermädchen, nicht dein Vormund und auch nicht deine Gouvernante. Du kannst machen, was immer du willst, aber gib mir bitte nicht die Schuld für etwaige Misserfolge, okay?

Die Ratschläge, die ich dir auf den folgenden Seiten geben werde, beruhen ausschließlich auf meinen persönlichen Erfahrungen und denen meiner Partner und Geschäftsfreunde. Bei mir haben sie funktioniert, das versichere ich dir; bei anderen ebenfalls. Daher bin ich zwar davon überzeugt, dass die meisten Menschen diese Empfehlungen ebenso mit großem finanziellen Gewinn für sich umsetzen können. Mir ist aber klar, dass ich hier keine allgemeingültige Patentlösung liefern kann. Es wird also immer einen Bruchteil von Lesern und Leserinnen geben, die mit meinen Tipps entweder nichts anfangen können oder durch eine unbedachte, vorschnelle und unfachmännische Umsetzung sogar in Schwierigkeiten kommen könnten. Prüfe also vorab sorgfältig, ob du seelisch und von deinem Wissensstand her wirklich dazu bereit bist, mir auf meinem Weg nachzufolgen und alle wirtschaftlichen und finanziellen Konsequenzen zu tragen – positive wie negative.

Welche geschäftliche Entscheidung du bei Immobilien auch fällen magst: Du musst in jedem Fall sorgfältig nach bestem Wissen und Gewissen untersuchen, welche Konsequenzen das für dich haben könnte. Dasselbe gilt für deine persönlichen Rückschlüsse aus dem, was ich dir auf den folgenden Seiten unterbreite, nahelege oder empfehle. Für Businesspläne beispielsweise, die du selbst in die Wege leitest und die dich vielleicht zu finanziellen Verpflichtungen veranlassen, bist allein du selbst verantwortlich. Niemand sonst! Dasselbe gilt für Risiken, die du eingehst, während du unter dem Einfluss dessen stehst, was du in meinem Buch gelesen hast. Aus demselben Grund muss ich zudem jede Haftung ausschließen, wenn du mich für deine etwaigen Verluste verantwortlich machen solltest. Das läuft nicht.

Weißt du was? Wenn du dir bei einzelnen Punkten unsicher bist, lege ich dir ganz dringend ans Herz, den Rat von vertrauenswürdigen Fachleuten einzuholen – beispielsweise Wirtschaftsberatern, Steuerberatern und natürlich Rechtsanwälten.

Habe ich dich jetzt aufgeschreckt oder gar verunsichert? Das hoffe ich doch nicht. Auf dieser Welt läuft nichts ohne ein gewisses Risiko. Das Leben selbst ist täglich lebensgefährlich. Wenn du aus dem Haus gehst, könnte dich ein Dachziegel treffen oder ein Auto überfahren, und wenn du aus dem Bett steigst und in die Dusche, könntest du dort ausrutschen und mit dem Kopf gegen eine Kante fallen ...

Und auf ganz lange Sicht gesehen, kannst du Gift darauf nehmen, dass dein Leben am Ende sogar tödlich ausgehen wird. Der Tod ist dir todsicher, irgendwann. Die Entscheidungen, die du bis dahin triffst (und ich wünsche dir, dass du noch sehr, sehr viele Gelegenheiten haben wirst, dich zu entscheiden), gehen zu 100% auf deine Kappe.

Echte Gewinner erkennen, dass Eigenverantwortung die Basis für jeden Lebenserfolg bildet. Bist du ein Gewinner? Willst du einer werden? Dann bin ich mir sicher, dass du meine Ratschläge in dem Bewusstsein annehmen wirst, dass ich dir nur das Schuhwerk für deinen Lebensweg überreichen kann – den Schuh anziehen, loslaufen und dabei die Richtung wählen musst du schon selbst.

Einverstanden?

Dann lass uns jetzt gemeinsam an den Start gehen!

6
Warum JETZT die Zeit für DICH ist, Immobilieninvestor zu werden

In einem der vorangegangenen Kapitel habe ich schon einmal einen ersten Überblick gegeben, warum es noch nie eine bessere Zeit gegeben hat als heute, IMMOBILIENINVESTOR zu werden.

Ich darf die Gründe in Erinnerung rufen ...
Warum gerade Immobilien?

Ich werde diese Frage später noch sehr ausführlich beantworten. Aber 10 Punkte schon einmal vorab ...

1. Gute Immobilien sind SICHERE SACHWERTE.
2. Gute Immobilien BRINGEN LAUFEND CASHFLOW.
3. Gute Immobilien BRINGEN HOHE RENDITEN.
4. Gute Immobilien sind INFLATIONSSCHUTZ.

Und ergänzend hierzu – warum gerade heute?

5. Gute Immobilien waren aufgrund der niedrigen Zinsen NOCH NIE SO GÜNSTIG.
6. NOCH NIE SEIT DEM 2. WELTKRIEG gab es in Deutschland so einen WOHNUNGSMANGEL wie heute in den großen Städten.
7. NOCH NIE SEIT GRÜNDUNG DER EU waren wir einem Crash so nahe. (Warum das für Immobilien spricht werde ich später in diesem Buch erläutern.)

8. NOCH NIE sind die Mieten in den deutschen Metropolen so explodiert wie seit 2013.
9. NOCH NIE WAR DIE GEFAHR EINER WÄHRUNGSREFORM SO REAL wie seit 1948.
10. Durch die demografischen Veränderungen wie Steigerung der Singleraten, Wachstum der Städte, längere Lebenszeiten etc. wird der Bedarf an Wohnungen steigen.

Lass uns jetzt einmal vor diesem Hintergrund drei der größten Ängste der Bevölkerung in Deutschland, Österreich und Schweiz analysieren. Einverstanden?

Es gibt drei reale Geldängste, an denen auch du nicht vorbeikommst ... Diese Geldängste, die die breite Masse in Atem halten, sind ...

»ICH WERDE NIE EINE RENTENZAHLUNG BEKOMMEN.«

Diese Sorge ist durchaus mehr als berechtigt. Warum? Gefühlte Ewigkeiten haben uns unsere Politiker belogen, indem sie uns seit Jahrzehnten erzählen, unsere Renten seien sicher. Dabei wird es von Tag zu Tag immer offensichtlicher, dass es rein technisch und rechnerisch schon gar nicht funktionieren kann. Unser gesamtes Rentensystem krankt nicht nur, sondern ist de facto schon halb tot. Wenn in den Siebzigerjahren des vorigen Jahrhunderts noch fünf Angestellte einen Rentner erhalten haben, so wechselt die Relation 2018 auf 1 : 1 – was bedeutet: Erstmals soll ein einziger arbeitender junger Mensch einen Rentner erhalten, also 1 : 1. Du musst ab sofort jeden versteuerten Euro, den du verdient hast, mit einem Rentner teilen, und zwar 1 : 1. Auch wenn du das Geld gern für etwas anderes ausgeben würdest.

Stell dir bitte vor, du sitzt Sonntag beim Mittagstisch und es läutet an der Tür. Der Tisch ist schön gedeckt; die Kinder sitzen schon beim Tisch, und es duftet im ganzen Haus nach Wiener Schnitzel (das traditionelle Mittagessen der Wiener am Sonntag – bei dir vielleicht nach Sauerbraten oder was auch immer dein bevorzugtes Sonntagsmahl ist, je nach der Region, in der du lebst). An der Tür steht ein älteres Ehepaar mit einer Wertmarke und meint, es sei dir und deiner Familie zum Mittagessen zugeteilt. Höflich wie du bist, lässt du die armen älteren Leute an deinem gedeckten Tisch Platz nehmen und teilst bereitwillig dein Schnitzel, genauso wie Kaffee und Kuchen (für die Wiener Sachertorte) am Nachmittag. Abends wird es schon schwieriger, als dir das ältere Ehepaar nach dem Abendessen die TV-Fernbedienung aus der Hand nimmt, um »Feste der Volksmusik« mit Florian Silbereisen und Hansi Hinterseer zu sehen. Und das, obwohl du und deine Kinder gerade den neuesten Bond sehen wollten, der heute Abend endlich erstmals im TV läuft.

Die Spitze des Eisberges ist dann, dass du, als du schlafen gehen möchtest und du vom Badezimmer kommend denkst, dein Schatz erwartet dich schon im Bett, das ältere Ehepaar in deinem Ehebett wiederfindest. Auf der einen

Seite des Bettes, auf der anderen Doppelhälfte, lag mal früher deine Frau/dein Mann. Denn für heute ist diese/r ausgezogen und liegt mit Bettzeug in der Badewanne. Dir bleibt noch der Platz mit der Decke auf der Wohnzimmercouch, wo dich wenigstens Katze und Hund besuchen.

Und jetzt verschärfend: Wenn du die Geschichte bis jetzt schlimm findest, dann okay. Aber das Schlimmste daran – den Part des älteren Ehepaares wirst eines Tages du übernehmen mit deinem Partner oder deiner Partnerin. Dein Schicksal mit 80, wenn du heute nichts für deine eigene Vorsorge tust. Denn die Regierungen werden keine andere Idee mehr haben als 1 : 1 zu teilen – ALLES, was dir gehört! Und glaube mir – für so manchen oder so manche wird es noch richtig schlimm werden mit 78 vom Arzt die Mitteilung zu bekommen: »Sie sind noch topfit und werden noch mindestens 15 Jahre leben.« Und wenn du dir dann sagen musst: »Mist, ich hatte nicht damit gerechnet, so alt zu werden. Wie soll ich diese Zeit jetzt finanzieren?«, dann wäre es zu spät, etwas zu ändern.

Du merkst schon: Ich bohre gern in Wunden. Aber ich möchte dein Bewusstsein schärfen für das, was auf uns zukommt. Und ich will die Erkenntnis wecken, dass jeder seine eigene Verantwortung trägt, später nicht ohne einen Cent dazustehen.

Also, verlasse dich jetzt bitte ab sofort nicht mehr auf unser Renten- und Pensionssystem. Du brauchst eine oder mehrere Rendite-Immobilien. Jedes Kind merkt: DAS, WAS UNS DIE POLITIKER SEIT JAHRZEHNTEN VERSPRECHEN, KANN SO NICHT FUNKTIONIEREN!

»DER NÄCHSTE CRASH KOMMT BESTIMMT!«

Spätestens, seitdem Richard Nixon den Goldstandard (die Parität zwischen Dollar und Gold) aufgehoben hat und alle Länder in Krisen wie z. B. 2008 wie verrückt Geld druckten, ist klar, dass es irgendwann den nächsten großen Crash geben wird.

Es wird von dir abhängen, ob du dann zu den Verlierern oder zu den Gewinnern zählst. Tatsache ist, dass in der 2008er-Krise von Banken in einigen osteuropäischen Ländern schon die Auszahlungen auf 200 € bis 500 € täglich beschränkt wurden, unabhängig davon, wie viel die Leute auf dem Konto hatten. Auch heute ist es in sehr vielen Bankfilialen bereits üblich (u. a. auch bei Bankfilialen deutscher Banken auf Mallorca), Auszahlungen von mehr als 5.000 € 1 bis 2 Tage im Voraus ankündigen zu müssen. Glaube mir – wenn der nächste Crash kommt – und der wird kommen!!! –, wird alles noch viel schlimmer werden. Ich sage dir das ernst gemeint und kritisch – trotz meines Optimismus.

Die gute Nachricht: Jede Krise kennt nicht nur Verlierer, sondern auch Gewinner! Erfahre daher in diesem Buch, was du jetzt tun musst, um auf die richtige Seite zu wechseln – die Seite des Krisengewinners!

»DIE INFLATION WIRD MEIN GELD AUFFRESSEN!«

Das ist die dritte große Angst, und auch sie ist prinzipiell durchaus berechtigt. Denn ... Die offiziellen publizierten Inflationswerte sind eine pure Lüge.

Warum? Weil die offiziellen »Inflationszahlen«, die veröffentlicht werden, auf Warenkörben basieren, die schon lange nicht der Realität entsprechen. Die Zahlen sind derart geschönt, dass es schlimmer nicht geht. Das hast du sicher auch schon gemerkt. Und das Einzige, was noch schneller im Wert wächst als die Güter des täglichen Bedarfes, sind Immobilien!

Lass uns jetzt bitte einmal kurz analysieren, warum es keine bessere Zeit gibt als HEUTE, HIER UND JETZT, um in Immobilien zu investieren.

Bevor wir das Thema gleich vertiefen – hier noch einige Gründe, warum die beste Zeit für Immobilieninvestoren noch vor uns liegt und welchen Nutzen du daraus ziehen kannst ...

5 Gründe, warum auch Du JETZT in Immobilien investieren musst!

1. Wir leben in einem Negativzinsniveau. Das Sparbuch bringt keine Rendite mehr. Betongold ist die beste Relation aus Sicherheit in Kombination mit realer Wertsteigerung.

2. Immobilien sind die mittelfristig krisensicherste Geldanlage. Selbst in Zeiten galoppierender Inflation kann man mit der richtigen Immobilienstrategie das eigene Vermögen vermehren.
3. Gut gewählte Immobilien bringen vom ersten Jahr an positiven CASHFLOW und vermehren damit dein monatliches Einkommen. Damit ist das System, wenn du es erst richtig erlernt hast, beliebig skalierbar.
4. Ein Immobilienvermögen kann, wenn du über die richtige Technik verfügst, auch schon mit sehr geringem Eigenkapital aufgebaut werden. Es gibt verschiedene Möglichkeiten zu starten, je nachdem, ob du Eigenmittel zur Verfügung hast oder nahezu bei Null beginnst.
5. Nur bei Immobilien kannst du »günstig« kaufen, indem du Einkaufspreise verhandelst. Voraussetzung: Du musst wissen, wie das funktioniert (weder bei Aktien noch bei Rohstoffen oder Edelmetallen kannst du den Preis verhandeln). Es gibt kaum eine Form der Geldanlage, die so viel Spaß machen kann wie Immobilien, wenn man erst einmal verstanden hat, wie der Markt funktioniert.

Also, wir fassen nochmals die am Anfang des Kapitels erwähnten Punkte zusammen ...

1. **Gute Immobilien sind SICHERE SACHWERTE.**
2. **Gute Immobilien BRINGEN LAUFEND CASHFLOW.**

3. Gute Immobilien BRINGEN HOHE RENDITEN.
4. Gute Immobilien sind INFLATIONSSCHUTZ.

Und ergänzend hierzu – warum gerade heute?

5. **Gute Immobilien waren aufgrund der niedrigen Zinsen NOCH NIE SO GÜNSTIG.**

Bis hierher haben wir die Punkte abgehandelt. Aber lass uns jetzt noch einen Blick auf die anderen Punkte werfen:

6. **NOCH NIE SEIT DEM 2. WELTKRIEG gab es in Deutschland so einen WOHNUNGSMANGEL wie heute in den großen Städten.**

Nach einer Studie des Instituts der deutschen Wirtschaft Köln (IW) müssten bis zum Jahr 2020 bundesweit in Deutschland mindestens 310.000 Wohnungen fertiggestellt werden. Wenn Zuwanderung und Migration berücksichtigt werden, erhöht sich dieser Wert noch deutlich. Allein durch die gestiegene Migration werden geschätzt weitere 70.000 bis 150.000 Wohnungen jährlich benötigt.

Wenn man dem IW-Report 18/2016 zum Thema Zuwanderung, Wohnungsnachfrage und Baubedarfs-aktualisierte Ergebnisse des IW-Wohnungsbedarfsmodells glauben darf, fehlen allein in den deutschen Großstädten jährlich folgende Wohnungen bei steigender Tendenz ... (Ersteller des IW-Reports sind Philipp Deschermeier, Ralph Henger, Björn Seipelt und Michael Voigtländer):

Berlin	18.000	Wohnungen
Hamburg	6.000	Wohnungen
München	9.000	Wohnungen
Köln	3.000	Wohnungen
Frankfurt	2.600	Wohnungen
Stuttgart	2.500	Wohnungen

7. **NOCH NIE SEIT GRÜNDUNG DER EU waren wir einem Crash so nahe.** (Warum das für Immobilien spricht, werde ich später in diesem Buch erläutern.) Der Umstand, dass die Zeitungen heute lieber über Donald Trump schreiben als über die Euro-Krise bedeutet nicht, dass diese Bedrohung überwunden ist. Einige Beispiele gefällig?

- Durch den bevorstehenden Brexit verliert die EU einen der größten Mitspieler und Nettozahler. Auch Ex- und Importe nach England werden dadurch nicht einfacher. Wie viele Arbeitsplätze dadurch verloren gehen und welche Folgen sonst noch auf uns zukommen, bleibt abzuwarten.
- Griechenland ist noch immer pleite, auch wenn man nur sehr wenig darüber spricht. Die Staatsverschuldung liegt bei 179%.
- Zypern und Irland kommen trotz Milliarden-Hilfspaketen auch nicht mehr aus eigener Kraft hoch.
- Portugal: Trotz Rettungsprogramm vermuten Experten, dass bald ein neues Rettungspaket her muss, um dem »Musterschüler« den Staatsbankrott zu ersparen.

- Experten sagen in Hinblick auf Italien: »Scheitert Italien, dann scheitert der EURO.« Aber die Tatsachen sehen wie folgt aus: Staatsverschuldung 133% bei Minus-Wachstum von -7,7% und einer Arbeitlosenquote von 11,3%. Noch verhindert der italienische EZB-Chef Mario Draghi das Schlimmste und kauft fleißig italienische Staatsanleihen auf (bereits über 240 Mrd.). Obwohl Italiens Schulden um 40% höher liegen als noch vor 10 Jahren, sind die Zinszahlungen um 30% gesunken. Sollte Italien bei einer möglichen Volksabstimmung den Austritt aus der EU beschließen, wäre das vermutlich das baldige Ende der Union.

8. NOCH NIE sind die Mieten in den deutschen Metropolen so explodiert wie seit 2013.

Es gibt keine Stadt innerhalb der sechs deutschen Top-Metropolen, in der die Preise für Bestandswohnungen in den letzten vier Jahren nicht um mindestens 25% gestiegen sind. Beim Spitzenreiter München waren es sogar 47%, Berlin 41% und Hamburg 39%.

Die Kosten für den Kauf einer Immobilie liegen einer Studie zufolge zw. 21 bis 51% unter den Mietkosten.

9. NOCH NIE WAR DIE GEFAHR EINER WÄHRUNGSREFORM SO REAL wie seit 1948.

Eines steht fest: Scheitert die EU, dann scheitert auch der EURO – und unser aller Geld ist in Gefahr, wie die Geldentwertungen der Vergangenheit gezeigt haben.

Wie ...

1948 von der Reichsmark zur D-Mark,
1990 von der Ostmark zur D-Mark und
2001 von der D-Mark zum EURO.

... sind gigantische Abwertungen oftmals keine Seltenheit. Wenn man bedenkt, dass die Preise auf Euro-Niveau schon nach wenigen Jahren den Zahlenwerten der alten D-Mark entsprochen haben, ist vielen klar, wie Staaten sich mit Währungsreformen zwangssanieren.

Halte dir vor Augen, dass es seit 1948 in Deutschland – wenn man die Ostmark für die ehemalige DDR nach der Öffnung mitrechnet – schon 3 Währungsreformen gegeben hat. So gesehen, liegen im Schnitt nur 20 bis 25 Jahre zwischen einer Reform und der nächsten. Aber: Betongold hat bisher noch jede Währungsreform gut überstanden.

10. Durch die demografischen Veränderungen wie Steigerung der Singleraten, Wachstum der Städte, längere Lebenszeiten etc. wird der Bedarf an Wohnungen weiter drastisch steigen.

Die Bevölkerunsstruktur steht derzeit in starker Veränderung. Eine der Entwicklungen ist der Trend zu Ein-Personenhaushalten, der begleitet wird von einer verstärkten Nachfrage nach kleinen und mittelgroßen Wohnungen. In allen großen Städten Deutschlands und Österreichs liegen die Bedarfsprognosen für Wohnraum in den nächsten Jahren deutlich über den Baufertigstellungsprognosen.

7
Eine erregende Loft-Story

Oder: Welche gemischten Gefühle mich mit Bill Clinton verbinden und was das mit meiner Immobilienkarriere zu tun hat

Es war das Jahr 1999.

Wenige Monate war es her, dass Bill Clintons »Oral-Office-Affäre« mit Monika Lewinsky aufgeflogen war und dem damals »wichtigsten Mann der Welt« gegenüber seinem Kongress und dem Rest des Erdenrunds alles andere als gut aussehen ließ.

Was mich das interessierte? Herzlich wenig. Hatte ich doch Erfolg mit meinem damaligen Chemie- und Rohstoffhandel. Von meinem Platz an der Sonne zeugten Tochterunternehmen und Joint Ventures in einigen osteuropäischen Märkten inklusive der Balkanregion. Perfekt machte mein Glück der Kauf einer alten Mühle am Nachbargelände meiner österreichischen Firma sowie eine große, alte Backstein-Lagerhalle, die ich gekauft hatte. Die Mühle wollte ich irgendwann zu Wohnzwecken ausbauen und vermieten; die Lagerhalle sollte als Puffer für unsere Lieferungen in die Balkanregion dienen, um die dortigen Lagervorräte im Wert mehrerer Millionen etwas zu reduzieren – und damit das Risiko, das in dieser Region kurz nach dem Balkankrieg nicht zu unterschätzen war. Da ich davor eher nur kleine Immobiliengeschäfte getätigt hatte, auf die ich an anderer Stelle noch berichten werde, dachte ich, das könnten jetzt meine ersten spannenden Deals werden.

Aber lass uns vorerst zurückkommen zu Bill und Monica und einer Affäre, die damals, gespickt von Lügen und Intrigen, die Welt erschütterte. Die erklärten Clinton-Fans konnten nicht verstehen, warum der eigene Kongress und die Nation dem amerikanischen Präsidenten so viel Peinlichkeit nicht ersparen wollten. Dachte denn niemand an die unangenehme Situation für Frau und Tochter? Und die anderen fragten sich, warum er trotzdem noch Präsident war. Vielleicht hatte ihn Tony Robbins, mein späterer Mentor, mental doch mit so viel Willensstärke und positiver Energie ummantelt, dass er den ganzen Stress gut durchgestanden hat. Wie auch immer.

Du merkst schon: Bill C. weckt in mir bis heute gemischte Gefühle. Und spätestens, wenn du dieses Kapitel zu Ende gelesen hast, wird dir klar sein, warum.

Also Faktum: Bill Clinton hatte damals ziemlich viel Stress, und noch ahnte ich nicht, dass sein Stress auch mein Stress werden würde – ein Teil davon jedenfalls. Aber eines wissen wir spätestens seit Nixon: Wenn amerikanische Präsidenten landesintern Stress haben mit ihrem Kongress oder den Wählern, dann fangen sie an, Kriege anzuzetteln oder zu unterstützen. Oder sie machen andere dumme Dinge, um von den internen Problemen abzulenken.

Sprich: So dauerte es nicht lange, bis Bill & Co. beschloss, man müsse sich wieder mal etwas mehr in die europäischen Angelegenheiten einbringen und die NATO dazu bewegen, in trauter Waffenbrüderschaft eine kleine Bombenoffensive gegen Belgrad zu starten.

Bitte nicht missverstehen. Ich war nie ein Freund von Milošević und seinem Schreckensregime und verabscheue die Gräueltaten, die damals im Kosovo passiert waren. Aber ich glaube nicht, dass Bomben alle Probleme lösen – schon gar nicht in der heutigen Zeit. Und ganz besonders war ich über die Geschichte not amused, weil ich gerade einmal zwei Jahre zuvor in Belgrad eine Firma gegründet hatte; damals noch im Bereich Chemikalien und Rohstoffe. Und jetzt schienen irgendwelche Deppen, mit deren Problemen ich nichts zu tun haben wollte, es darauf anlegen zu wollen, meine vollen Läger in Belgrad, die mitten in der Stadt lagen, wie auch der Firmensitz, zu bombardieren und siebenstellige Beträge in Rauch und Asche auflösen zu wollen. Vom Risiko für meine Mitarbeiter vor Ort und deren Familien will ich gar nicht erst sprechen. Und bedauerlicherweise kann man sich gegen Bomben, die vom Himmel fallen, nicht versichern.

»Also ehrlich!«, dachte ich mir. »Was kann ich dafür, dass Monica bei Billy den zweiten Frühling geweckt hat oder er bei ihr den ersten und meine Firma in Belgrad jetzt zum Lewinsky-Opfer wird?« Um das Thema kurz und knackig abzuschließen: Wir verloren damals nur einen Teil des Lagerwerts und kamen mit einem blauen Auge davon. Aber besonders gut kam Mr. President damals bei mir nicht weg. Dabei war er mir ursprünglich gar nicht unsympathisch und ist es bis heute auch nicht.

Meine alte Mühle stand derweil unrenoviert herum, ebenso die Backsteinhallen. Schließlich plagten mich vorerst andere Sorgen.

Es zogen einige Monate ins Land, und die Geschichte mit Belgrad ebenso wie einige andere Erfahrungen dieser Zeit hatten mich immer mehr darüber nachdenken lassen, ob der Chemie- und Rohstoffhandel wirklich langfristig mein Ding war. Oder war das alles möglicherweise nur eine vorübergehende Aufgabe, um mich finanziell auf das nächste Level zu bringen?

So sah ich es jedenfalls – und meine Liebe für Immobiliendeals wuchs und wuchs.

Leider konnte meine Hausbank meine eigene Begeisterung über die vielen Möglichkeiten des Betongolds nicht mit der selben Leidenschaft teilen.

Dazu muss man wissen, dass ich auch davor schon neben meinen Handelsaktivitäten gute Geschäfte mit der einen oder anderen Immobilie gemacht hatte. An anderer Stelle in diesem Buch werde ich noch erzählen, dass ich damals von Anbeginn an – genauso wie viele unter euch, die dieses Buch gekauft haben – fast ohne Eigenmittel mit meinen ersten Immobilien startete. Also keine Angst, wenn du aktuell keine »freie Kohle« für Immobiliendeals haben solltest.

Als Rohstoffunternehmer genoss ich damals enorme Kreditlinien, aber genau dieser vermeintlich kräftige Frei-Schluck aus der finanziellen Flasche machte mir den Start im Immobilienbereich nicht leichter, sondern eher schwieriger. Den Grund für diese Widersprüchlichkeit wirst du noch erfahren. Jedenfalls zwang mich diese Lage, über alternative Finanzierungsmöglichkeiten nachzudenken.

Apropos Widersprüchlichkeit: Zurück zu meinem ambivalenten Verhältnis zu Bill Clinton und wie es sich weiterentwickeln sollte.

Eines schon vorab: Dass seine Sympathiewerte bei mir später wieder stiegen, spiegelt weder meine politische Gesinnung wider, noch ist sie wirklich persönlicher Natur. Es hat eher mit Business zu tun. Billy-Boy und seine Frau Hillary sind zwar vielleicht nicht so geschäftstüchtig wie Donald Trump und nicht so bereitwillige freiwillige Steuerzahler wie Obama, aber für Mitglieder der demokratischen Partei auch nicht gerade ungeschäftig. Und so kam es, dass ich einige Monate später im Flugzeug nach New York saß und in der Zeitschrift, die ich las, einen Artikel über Bill Clinton und seine Immobilieninvestments fand.

Unter anderem wurde ein Deal gepriesen: Demnach hatte der, der zu diesem Zeitpunkt schon Ex-Präsident der Vereinigten Staaten war, ein Loft in Soho erworben und renoviert. Wodurch er dann extreme Wertsteigerungen eingefahren hatte.

Dazu muss man wissen: Seit Samantha aus »Sex and the City« (eine TV-Serie, die für Frauen ihrerzeit so unabdingbar war wie der Kontrollcheck beim Gynäkologen) im Loft lebte, einer umgebauten Fabrikhalle also, und in jeder zweiten amerikanischen TV-Soap irgendjemand ein solches Loft bezog – spätestens da schoss in den USA die Lust raketengleich in die Höhe, seine Wohnstatt in einer Ex-Fabrik aufzuschlagen.

In New York angekommen, sah ich mir natürlich sofort einige Lofts an. Ähnlich war es einige Monate später bei einer Reise nach London in den Docks. Ich war beeindruckt von der Vorstellung, in 8 bis 15 Meter hohen Hallen zu arbeiten und zu leben: mit Galerien, viel Platz und diesem speziellen Spirit zwischen Kunst und Architektur.

Was soll ich sagen?

Sie ließ mich nicht mehr los, die Idee, alte Fabriken in Wohnraum umzubauen.

Obwohl mich alle Geschäftspartner und besonders mein damaliger Banker mitleidig belächelten. Ich begann monatelang zu recherchieren, wer wohl erstmals auf die Idee gekommen sein mochte, in einer Fabrik zu arbeiten und gleichzeitig dort seinen Lebensmittelpunkt aufzuschlagen.

Ich stieß auf Andy Warhol und seine »Factory« (zu Deutsch: »Die Fabrik«), auch zeitweise »Silver Factory« genannt. Gemeint waren verschiedene Studios des Pop-Art-Künstlers Andy Warhol in New York City. Ich ermittelte weiter: Die Factory war der Ort, wo sich in den 1960er- und 1970er-Jahren bildende Künstler trafen, Musiker, Tänzer, Schauspieler und andere Leute aus Warhols Umfeld, auch »Seine Superstars« genannt. Unter anderem waren dort Mick Jagger, Bob Dylan, Jim Morrison und Salvador Dalí regelmäßig zu Gast – meistens natürlich in den Nächten, wo sich das Loft oftmals zum 300 Quadratmeter großen Partyraum verwandelte. Hier schuf Wahrhol mit seinem ersten Assistenten Gerard Malanga seine bekannten seriellen Siebdrucke (Monroe & Co.) und viele weitere Kunstwerke. Später diente die Factory, vor allem aber das berühmte rote Sofa in der Raummitte, als Drehort und Szenario etlicher Warhol-Filme. Ich verschlang unzählige Bücher zu diesem Thema und begann zu realisieren, dass im deutschsprachigen Raum, mit Ausnahme einiger weniger zaghafter Versuche in Leipzig und Berlin, das Thema Loft als Wohnraum noch absolut stiefmütterlich behandelt worden war. Im Gegensatz zum Thema Dachbodenausbau in Großstädten wurde dieses Thema vernachlässigt. Und wie sich später noch herausstellen sollte, wird der Dachbodenausbau innerhalb der EU langfristig auch nicht unbedingt einfacher. Zumal so manches Gründerzeithaus auch schon gravierende statische Probleme durch einen solchen Dachbodenausbau aufgebürdet bekommen hatte.

Die Zeit für Lofts und Paul Misar war also reif.

Heute, knapp zwanzig Jahre nach meiner ersten Idee in dieser Richtung, halten es alle, mit denen ich über dieses Thema spreche, für eine tolle Geschäftsidee. Ich habe mit meinen Firmen unzählige Lofts gekauft, adaptiert, teilweise auch für Kunden geplant und ausgeführt. Die Projekte aus diesem Segment reichen von Wohnungen, Lofts mit angeschlossenen Gärten und Dachgärten, einem Gewerbepark bis hin zum Seniorenwohnheim in einem alten Lagergebäude. Die Größe der Projekte ist dabei die letzten Jahre gewachsen. Wenn mir am Beginn der erste

»große Umbau« einer Backsteinhalle mit insgesamt ca. 1.200 m² Nutzfläche Angst gemacht hat, so kaufe ich mittlerweile Projekte mit über 25.000 m² und entwickle diese, ohne »Bauchschmerzen« zu bekommen.

Dazwischen liegen jahrelange erfolglose Finanzierungsversuche über den klassischen Bankenweg. Diese fiskalischen Fehlschläge haben mich zu alternativen Finanzierungsformen gebracht.

Es liegen aber auch Erfahrungen mit Vertragspartnern vor, die aufgrund mangelhafter Kontrakte Teile ihrer Miete oder des Kaufpreises nicht bezahlten und mir daher so manche schlaflose Nacht bereitet haben. Aber ich habe aus diesen Fehlern gelernt und bin heute in der Lage, meinen Kunden bei meinen Immobilienkursen und Seminaren Muster für jeden Vertrag und jede Checkliste an die Hand zu geben. Schließlich soll dir nicht dasselbe passieren.

Nicht zu vergessen jene Baufirmen, die während der Umbauzeit eines Projektes schlappmachten und mir ebenfalls Kopfschmerzen bereiteten. Aber wir wachsen eben mit unseren Aufgaben – und den Lösungen, die wir entwickeln.

Glaub mir: Wenn man so etwas durchgemacht hat und die Kunden am Telefon Terror machen, weil sie endlich einziehen wollen und die eigene Immobilie schon verkauft haben, mittlerweile für 130 bis 200 € je Tag im Hotel wohnen und du aufgrund des Umstandes, dass deine von dir beauftragte Baufirma gerade pleite gemacht hat und mit den Arbeiten um mehrere Monate in Rückstand ist ...

also ich sage dir: Diesen »Emotional-Tornado« willst du kein zweites Mal über dich hinwegfegen lassen.

Zusammengefasst: Es gibt keinen Staub, den ich in diesem Business noch nicht gefegt habe. Ich war selbst an einem Bauunternehmen beteiligt. Ich plane mit meinen Firmen und entwickle selbst. Und für einige Kunden haben wir schon fix und fertig die gesamte Innenausstattung organisiert – inklusive der Bang-und-Olufsen-Anlage um 150.000 € und die Bretz-Sofas. Wir haben für individuelle Kunden englische Stromdosen und Schalter einfliegen lassen. (Wenn du dich jetzt selbst kreischen hörst: »Oh mein Gott!« – ich kreische gern mit!) Und wir hatten Kunden, die ihren Ferrari vom Kamin des Wohnzimmers aus durch eine Glaswand in der Garage betrachten wollten und auch noch gleichzeitig von der Galerie mit Glasboden im 1. Stock. All das geht im Loft.

Aber nicht unbedingt mit einer normalen Bank. Also, die für dich viel wichtigere Frage ist Folgende ...

Wie kann man Großprojekte finanzieren – ohne herkömmliche Kreditinstitute?

Ich kann dir hier nicht alles verraten, was meine Kunden in einem mehrtägigen Seminar im Wert mehrerer tausend Euro erfahren. Aber frei nach »Bikiniprinzip« kann ich dir einen ersten Einblick in ungewöhnliche Finanzierungsformen gewähren ...

1. Optionskauf

Wenn du die in deinen Augen »perfekte« Immobilie gefunden, aber zur Stunde leider kein Geld oder zu wenig davon in der Tasche hast, kann die »Kaufoption« die Rettung für dich sein.

In diesem Fall wickelst du den Kauf nicht sofort im klassischen Sinne komplett ab. Vielmehr vereinbarst du mit dem aktuellen Immobilieneigentümer, dass du innerhalb eines bestimmten Zeitraums die Immobilie zu einem ebenfalls vorab vertraglich fixierten Preis erwerben kannst. Innerhalb dieser Zeitspanne besitzt du dann das exklusive Recht, dir diese Immobilie zum vereinbarten Preis zu sichern; der Eigentümer darf die Immobilie also währenddessen nicht anderweitig anbieten oder verkaufen.

Die Vorteile für dich liegen auf der Hand: Du gewinnst Zeit, »Gottes Kredit« also, wie einer meiner Geschäftspartner immer so treffend zu sagen pflegt. Diese Zeit kannst du dann nutzen, um dir das nötige Geld zu besorgen.

Im Idealfall läuft eine solche Frist mindestens 6 Monate, manchmal aber auch über mehrere Jahre; dazu solltest du die Kaufoption aber grundbuchlich absichern lassen. Ebenso musst du einkalkulieren, dass Eigentümer sich diese Option nicht selten gut bezahlen lassen. Im Gegenzug hast du grundsätzlich schon vorab die Kontrolle über das Objekt und kannst je nachdem schon damit anfangen, die Immobilie unterzuvermieten. Aber auch diesen Punkt würde ich in der Optionsvereinbarung unbedingt vertraglich festhalten. Während dieser Zeit bleibt dein finanzielles Risiko zudem überschaubar.

Aber wo viel Licht ist, gibt es auch Schattenseiten: Solltest du es innerhalb der vereinbarten Frist nicht schaffen, genügend finanzielle Mittel für den Kauf der Immobilie aufzutreiben, ist die Gebühr für die Option ebenso weg wie die Immobilie selbst.

In meinem Heimatland Österreich wird der Optionskauf verhältnismäßig häufig praktiziert, ebenso wie auf der Sonneninsel Mallorca. In Deutschland hingegen ist diese Methode so gut wie unbekannt und entsprechend rar gesät ist die Zahl von Notaren, die die notwendigen Fachkenntnisse aufbringen.

Wenn du gern ein Muster eines Optionsvertrages haben möchtest, kannst du dieses gern unter folgender Landingpage anfordern:
https://immobilien-geschenk.com/mustervertraege

2. *Mietkauf, kombiniert mit Optionskauf*

Ich möchte dir ein konkretes Beispiel zeigen, wie so ein Deal laufen kann. Es handelt sich um eine renovierungsbedürftige Wohnung in guter Lage, die mit 165.000 € angepriesen war. Ich handelte mit dem Verkäufer Folgendes aus …

Die Wohnung wurde von mir gemietet für 550 € netto im Monat. Parallel dazu zahlte ich die Nebenkosten an die Comunidad, die Verwaltung der Anlage, die sich auch um den Pool und die Gemeinschaftsflächen kümmert (die Wohnung ist in Spanien). Hinzu kamen ca. 60 € Betriebskosten monatlich, inklusive Poolpflege etc. Ich erwarb eine Kaufoption – sinngemäß: Sollte ich binnen drei Jahren kaufen, zahlte ich nur 155.000 €, im vierten Jahr 165.000 €. Die Kosten für diese Option beliefen sich einschließlich anwaltlicher Beratung, Notariatsakt und grundbuchlicher Eintragung auf ca. 4.500 €. Dem Verkäufer zahle ich zusätzlich eine zehnprozentige Anzahlung auf den Kaufpreis, allerdings mit einer Einschränkung: Ich vereinbarte vier Teilbeträge, jeweils zum Quartalsende; zinsfrei natürlich. In Spanien sind bei Mietkaufgeschäften 10% Anzahlung üblich; manchmal konnte ich auch schon 5% verhandeln.

Die Wohnung war leicht renovierungsbedürftig. Ich kaufte eine neue, kleine Küche im Wert von 3.200 € und gab für Maler- und Fliesenarbeiten rund 3.600 € aus.

Ich konnte die Wohnung sofort für eine Monatsmiete von 690 € vermieten; die Betriebskosten wurden zusätzlich abgerechnet. Zwei Jahre später erhielt ich das erste Kaufangebot in Höhe von 225.000 €. Ich habe es aber nicht angenommen, sondern nach Ausscheiden des ersten Mieters eine Langzeitvermietung bevorzugt. Der aktuelle Mieter zahlt bereits über € 1.050,- netto monatlich.

Warum und wie Mietkauf funktioniert beschreibe ich genauer ab Seite 157.

Also, wir fassen zusammen!

Du findest am einfachsten Immobilien für Mietkauf oder Optionskauf, wenn ein oder mehrere der folgenden Kriterien zutreffen ...

1. Bereits längerer Leerstand.
2. Objekt ist in guter Lage oder sogar Toplage; Garten oder Freiflächen wirken trotzdem ungepflegt und verwildert.
3. Objekt hat technisch dringend Renovierungsbedarf, um nicht weiter Schaden zu nehmen (Heizung, Dach usw.), aber Vermieter hat dafür keine liqiden Mittel
4. Mieter lebt im Ausland und hat kein Eigeninteresse am Objekt.
5. Vermieter/Verkäufer hat hohe laufende Kosten mit dem Objekt und Liquiditätsprobleme (besonders bei teuren Immobilien, inklusive Schlössern etc. – meistens am technischen Objektzustand zu erkennen).

8
Fehler ungeübter Investoren – und wie du sie vermeidest

Es ist zwar schon mancher Schornsteinfeger vom Dach gefallen, aber noch kein Meister vom Himmel. Erst recht nicht, wenn es um das richtige Investment in Immobilien geht.

Du stehst vielleicht noch am Anfang deiner Entwicklung. Deshalb möchte ich dich gleich zu Beginn auf Fehler aufmerksam machen, die den »Grünschnäbeln« unter den Immobilieninvestoren immer wieder passieren. Jedenfalls habe ich diese Entwicklung in den letzten Jahren und Jahrzehnten stets beobachten müssen.

Um die Frage zu beantworten, die dir jetzt wahrscheinlich schon auf der Zunge liegt: Ja klar, auch ich habe den einen oder anderen dieser Fehler gemacht – und viel, manchmal sogar existenzbedrohend viel Lehrgeld zahlen müssen. Diesen Schlamassel kannst du dir ersparen, wenn du vom Start weg ein Gespür dafür entwickelst, jene Punkte genau zu beachten, die ich dir hier im Überblick nenne ...

1. Das falsche Mindset

In diesem Buch werde ich das Thema Mindset wieder und wieder und wieder anschneiden. Warum? Weil das wichtigste Werkzeug für einen Immobilientycoon – egal, wie weit er auf diesem Entwicklungsweg schon geschritten ist

– das richtige Mindset ist, also die richtige, geistige Einstellung zu allem, was du auf diesem Gebiet erreichen willst. Wenn du beispielsweise Immobilien kaufen möchtest und dabei jedes Risiko scheust – sorry, dann bist du auf dem falschen Dampfer. Nichts im Leben erreichst du ohne Risiko. Auch beim Immobilieninvestment gehört die Möglichkeit dazu, im Extremfall Geld zu verlieren.

2. Von sich auf andere schließen

Einer der wichtigsten Grundsätze bei der Gewinnung von Kunden (und damit Mietern) lautet: »Der Köder muss dem Fisch schmecken und nicht dem Angler!« Wichtiger ist der Umkehrschluss: »Kaviar mag zwar dem Angler munden, aber ob der Fisch diesen Geschmack teilt, daran habe ich meine Zweifel.«

Diesen Grundsatz musst du dir als angehender Immobilientycoon zu eigen machen. Eine Immobilie, die dich auf rein emotionaler Ebene total anspricht – salopp gesagt: die dich umhaut – und in die du um jeden Preis selbst gern einziehen würdest, kann auf deine Zielgruppe total uninteressant wirken. Lass dich also niemals von deinen persönlichen Vorlieben (ver-)leiten, sondern ausschließlich von deinem Verstand. Schließ nicht von dir auf andere.

3. Keine vernünftige Immobilienstrategie

Immobilien solltest du niemals nach »Lust und Laune« erwerben, sondern du solltest dir vorab (!) eine genaue

Strategie überlegen, nach welchen Kriterien du bestimmte Objekte erwerben willst. Schaff dir also niemals einen chaotischen Immobilien-»Bauchladen« an. Spezialisiere und diszipliniere dich.

Zudem solltest du auch beim Kaufvorgang selbst einer strikten Strategie folgen. Achte darauf, dass ...

- der Einkaufspreis wirklich günstig ist,
- die Immobilie Aufwertungspotenzial bietet,
- du steuerliche Optimierungsmöglichkeiten nutzen kannst,
- sich diese Investition sofort (!) günstig auf deinen laufenden Cashflow auswirkt.

Und auch beim Verkauf gilt eine ebenso einfache wie unverzichtbare Strategie: Verkaufe NIEMALS unter Zeitdruck!

4. Keine Standortkenntnisse – oder zu wenig davon

Du musst wissen, was vor Ort los ist. Jetzt. Und in Zukunft. Ein tolles Mietobjekt, neben dem ohne dein Wissen in fünf Jahren eine Kläranlage eröffnet werden soll, wird für dich unweigerlich zum Millionengrab. Solche Geld-Katastrophen kannst du vermeiden, wenn du im Kaufvorfeld alle Informationen sammelst, die du über den Standort bekommen kannst.

5. Mangelndes Wissen über alternative Finanzierungsformen

Wenn du beim Stichwort Immobilienfinanzierung nur an Bank, Sparkasse oder Förderbank denkst, denkst du zu kurz. Denn du machst dich gefährlich abhängig von einer einzigen Finanzierungsquelle. In diesem Buch gebe ich dir einige Tipps, wie du auch abseits des Bankschalters an dein nötiges Kapital zum Erwerb einer Immobilie kommen kannst. Nutze diese Optionen, und lass dir keine Fesseln anlegen!

6. Mangelnde Kenntnisse über Investmentkalkulationen und Aufwertungspotenziale

... unschöne, lästige »Hausaufgaben«, ich weiß. Aber um die kommst du nicht herum. Punkt.

Informiere dich vor einem Kauf also unbedingt über ...

- Lage
- Alter
- Vermietbarkeit
- Entwicklungsmöglichkeiten
- Flächen (Größe, Lage, Zustand ...)
- Bausubstanz
- Umfeld
- Vorhandensein und Zustand der Möblierung
- Kaufpreise je Quadratmeter
- Mietrendite

Wirf danach einen kritischen Blick auf die Aufwertungsoptionen, die dir nach einem Kauf bleiben ...

- Sanierung
- Renovierung
- Aufteilung in mehrere Einheiten
- Erweiterung der Nutzflächen
- Grundstücksabtrennung
- Umnutzung und Umwidmung
- Erhöhung der Nutzwerte
- Neuvermietung
- Mietanpassung
- verdeckte Aufwertung der Makrolage (Stadt, Bundesland ...)
- verdeckte Aufwertung der Mesolage (Zentrum, Speckgürtel ...)
- verdeckte Aufwertung der Mikrolage (Infrastruktur, Verkehrsanbindung ...)

7. Investment in Objekte, über deren Entwicklungspotenzial du zu wenig weißt

Mach nicht denselben Fehler, den zum Beispiel viele Gewerbetreibende machen, indem sie sich ihre Zielgruppen schönreden und ihnen Wünsche und Eigenschaften andichten, die sie gar nicht haben. Kauf nicht die Immobilien-Katze im Sack, sondern informiere dich genau über das Objekt, das du in dein Portfolio holen möchtest. Und vor allem: Sieh den Resultaten schonungslos ins Auge.

8. Mangelnde Kenntnis der Nebenkosten und steuerlichen Möglichkeiten

Hier gilt dasselbe wie bei Punkt 6: Ich weiß, dieser »Papierkram« macht keinen Spaß – aber dir womöglich einen hässlichen Strich durch die Rechnung, wenn du diese Position vernachlässigst. Entweder, weil »unversehens« Kosten auf dich zukommen, mit denen du vorher wortwörtlich nicht gerechnet hast. Oder, indem du Geld verschenkst, weil du steuerliche Sondermöglichkeiten nicht kennst und somit nicht nutzen kannst.

9. Zu wenig Handlungsalternativen

Du solltest immer eine Exit-Strategie parat haben. Denn man kann nie wissen.

10. Negativer Cashflow

… oder anders gesagt: Wenn du mehr Geld IN eine Immobilie stecken musst, als du AUS ihr herausholen kannst, wird dir diese Milchmädchenrechnung das wirtschaftliche Genick brechen – und das mit mathematischer Sicherheit. Da nutzen dir auch »beste Aussichten« nichts, die leider erst in ein paar Jahren Realität werden. Bis dahin hast du längst das Handtuch werfen müssen.

11. Mangelnde Objektprüfung

Wenn du dir in meinem Buch die Beispiele jener Promis ansiehst, die sich mit einem falschen Immobilieninvestment selbst aus dem wirtschaftlichen Rennen gekegelt haben, wirst du feststellen: Viele haben in Immobilien investiert, ohne ein solches Objekt auch nur einmal mit eigenen Augen inspiziert zu haben. Wahnsinn!

Du musst dich schon persönlich vor Ort davon überzeugen, dass die Bausubstanz, die Lage etc. im Großen und Ganzen in Ordnung sind. Und du musst bei der Objektbesichtigung ein Auge auf die problematischen Stellen haben.

12. Zu lange warten

Warte niemals zu lange – weder beim Kauf, noch beim Verkauf; erst recht nicht bei Verhandlungen. Mit dem Immobilieninvestment ist es wie mit der Familiengründung: Den zu 100% idealen Zeitpunkt dafür gibt es schlichtweg nicht.

Wenn bei zähen Verhandlungen ein Verkäufer beispielsweise mehrmals signalisiert, dass er keinen Verkaufsdruck hat, solltest du nicht zu viel Zeit einbringen und auch nicht zu lange auf einen Mietkauf drängen. Dann spring lieber ab und investiere deine Zeit sinnvoller.

Ebenso empfiehlt sich ein rascher Verhandlungsabbruch, wenn der Verkäufer klipp und klar macht, dass er keinesfalls unter dem angebotenen Preis verkaufen und das Objekt notfalls lieber behalten will.

9
Das richtige Mindset für Tycoons

FundaMENTAL wichtig: Richte dein Mindset richtig aus

Lieber eine Stunde über Geld nachdenken, als eine Stunde für Geld arbeiten.

John D. Rockefeller

Ich würde sogar sagen:

Lieber eine Stunde über Geldstrategien nachzudenken kann sinnvoller sein, als zehn Stunden für Geld zu arbeiten.«

Paul M. Misar

Denn durch Nachdenken schärfst du dein Mindset.

Das Mindset ist wie das Fundament eines Hauses: Wenn da was nicht stimmt, kann das Gebäude an sich noch so stabil, prächtig und repräsentativ sein – es wird zusammenbrechen, früher oder später.

Was verstehe ich unter einem Mindset?

Mindset bedeutet keineswegs, die Welt um dich herum nur mit der rosaroten Brille auf der Nase zu betrachten. Es bedeutet vielmehr, dass du mit der richtigen, geistigen Einstellung an das Projekt Immobilieninvestment herangehen musst.

Auch auf die Gefahr hin, dass über dieses Beispiel schon ziemlich viel diskutiert wurde, rufe ich es dennoch in Erinnerung: Ein Wasserglas mit 50% Inhalt (ich hoffe, ich habe den Sachverhalt damit neutral genug ausgedrückt) kannst du entweder als »halb voll« oder »halb leer« betrachten. Beides ist richtig.

Aber wenn du zur Schilderung des Wasserstands in der Regel zur letztgenannten Beschreibung greifst, sagt das viel über deine Art und Weise aus, deine Erfolgschancen einzuschätzen. Du gehörst dann wahrscheinlich zu jenen Menschen, die eher mit Rückschlägen als mit Erfolgen rechnen. Das wird wie eine sich selbst erfüllende Prophezeiung wirken und es dir schwermachen, auf die Dauer als Immobilientycoon das zu erreichen, was du dir vorgenommen hast.

Sofern du dir überhaupt etwas vorgenommen hast. Denn mit der richtigen Zielsetzung steht und fällt dein Erfolg. Also, wenden wir uns diesem wichtigen Thema zuallererst zu. Ganz konkret gefragt ...

Was willst du erreichen, indem du in Immobilien investierst?

Geh in dich. Nimm dir für diese Frage so viel Zeit, wie du brauchst, um die Antwort zu finden. Lieber eine Stunde über Geld nachdenken, als eine Stunde für Geld arbeiten.

Was ist dein Motiv? Und was vielleicht noch wichtiger ist: Was ist dein Motiv hinter dem Motiv?

Kleines Beispiel gefällig? Du sagst, dein Motiv sei Altersvorsorge? Das bedeutet Sicherheit ist dir wichtig, oder? Also ist dein eigentliches Motiv Sicherheit.

Oder du willst Immobilientycoon werden, weil du reich sein möchtest, dir Luxus in deinem Leben leisten magst und willst, dass es deine Kinder mal besser haben als du es hattest? Was ist jetzt dein Motiv?

Du verstehst? Manchmal ist es offensichtlich, manchmal aber auch am Beginn gar nicht so einfach.

Daher lass dir bitte für diese Übung Zeit. Überspringe diesen Punkt bitte nicht, und erledige ihn auch nicht »zwischen Tür und Angel«. Nimm dir mindestens ein Wochenende Zeit dafür zu bestimmen, welche Ziele du mit dem Projekt Immobilientycoon verfolgen willst.

Ich will dir nochmals einige Beispiele für mögliche Motive nennen, die ich immer wieder von Seminar-Mentoringteilnehmern oder Kunden beim Einzelcoaching höre ...

- Altersvorsorge bzw Absicherung im Alter
- Absicherung vor dem nächsten Crash
- finanzielle Grundlage, Träume zu leben
- ein Vehikel, finanziell frei zu sein und die eigene Lebensmission zu finden
- damit mehr Zeit für die Familie bleibt und die Dinge, die wirklich wichtig sind im Leben

Und nun kommt das Wichtigste von allen:

Schreib dir deine Ziele auf!

Den nur schriftliche Ziele sind erreichbare Ziele. Glaub mir das ruhig; ich selbst hätte das nie geschafft, auf das ich heute mit stolz zurückblicken kann, wenn ich mir das alles »einfach nur beiläufig gewünscht hätte«. Genau diesen Fehler aber begehen 99,9% aller Menschen, die im

Ozean der finanziellen Freiheit herumschwimmen, aber dabei nicht über die Dämmerzone hinauskommen: Sie seufzen ab und an in sich hinein, nach dem Motto: »Wenn ich einmal reich wär ...« – und gehen dann wieder ihrer gewohnten Tätigkeit nach. So kann das nichts werden!

Als Mentor und Coach halte ich meine »Schützlinge« wieder und wieder dazu an, sich scharf konturierte Ziele zu setzen. Und sich diese Ziele vor allen Dingen immer wieder schriftlich vor Augen zu führen. Nur wer schreibt, der bleibt; das kennst du ja. Und das gilt auch für Ziele.

Einzig und allein die Schriftform verankert Ziele in deinem Bewusstsein. Da du, so hoffe ich zumindest, immer wieder aufs Neue einen Blick in deine schriftlichen Unterlagen werfen wirst, wirst du auch immer wieder mit deinen Zielen konfrontiert. Und nur dadurch hämmern sie sich in dein Bewusstsein ein.

Aber das ist nicht der einzige Vorteil, den die Schriftform bietet. Ein resignierend hingeseufztes »Ach, ja, reich müsste man sein!« ist so ziemlich alles – aber eines garantiert nicht: verbindlich und zwingend.

Hier also mein – nein, es ist kein Tipp. Sondern eine Aufforderung. Wären wir beim Militär, wäre das ein Befehl, dessen Missachtung sofortiges Kriegsgericht zur Folge hätte ...

SCHREIB DIR DEINE ZIELE AUF!

Und das deutlich, positiv und konkret. So schaffst du gedankliche Klarheit. Im Idealfall schon dann, bevor du überhaupt das erste Ziel aufgeschrieben hast. Logisch: Klare Ziele erfordern klare Gedanken, um sie zu formulieren.

Und wenn du schon mal beim Schreiben bist, halte zudem die Gedanken zur Realisierung der Ziele schriftlich fest, die dir in dieser Phase in den Sinn kommen.

Nach und nach entsteht so eine wertvolle, schriftliche Handlungsanweisung. Mehr noch: Auf diese Weise hältst du in kurzer Zeit ein perfektes »Pflichtenheft« in der Hand, eine Kontrollmöglichkeit, um deine Fortschritte konkret zu messen.

Aber auch hier gilt: Sogar der bestgeplante Kurs kann in die Irre führen. Gestatte dir also, Kurskorrekturen vorzunehmen, wenn es notwendig erscheint.

Zum Mindset gehört überdies herauszufinden, welche Motive dich im Leben überhaupt antreiben. Wie du vielleicht weißt, bin ich unter anderem als Reiss-Profile-Trainer unterwegs. Mit dieser ausgefuchsten, psychologischen Methode kannst du selbst perfekt erkennen und herausfinden, welche tief in deiner Seele verwurzelten Antriebsgründe dich automatisch steuern – meist, ohne dass dir das bewusst ist.

Fürwahr, ein ungeheuer wertvolles Instrument. Hilft es dir doch, jenen Weg zum Erfolg zu finden, der deinem Typus am besten angepasst ist und der dir am leichtesten fällt.

Aber das nur am Rande. Worauf ich hinaus will, ist Folgendes: Auch wenn es um Immobilien geht, gibt es verschiedene Motivationstypen. Vielleicht geht es dir um die

Sicherheit, die Immobilien vermitteln. Dann bist du ein Sicherheitstyp, der nicht aus seiner Haut kann. Oder du hast erkannt, dass Immobilien der wahrscheinlich komfortabelste Weg zum Reichtum sind. Dann bist du ein Komforttyp.

Vielleicht aber suchst du auch das Risiko, und auch für diesen Anspruch bieten Immobilien viele Möglichkeiten. Richtig geraten: Dann bist du ein Risikotyp.

Wichtig ist: Keiner der drei Motivkreise »Sicherheit«, »Komfort« und »Risiko« ist ethisch, moralisch oder sonst wie per se besser oder schlechter als der andere.

Du musst in dieser Hinsicht allerdings mit dir im Reinen sein. Wenn du beispielsweise als Sicherheitstyp durchs Leben gehst, wirst du partout nicht glücklich, wenn du ständig auf Risiko gehen musst. Darauf gebe ich dir Brief und Siegel.

Apropos: Dir sollte allerdings schon klar sein, dass andere Anlageformen, beispielsweise Aktien, ein weitaus höheres Risikopotenzial entfalten als Immobilien. Wenn du also den Nervenkitzel suchst, solltest du dein gesamtes Risikokapital nicht in Immobilien investieren, sondern dir an der Börse den notwendigen Thrill holen, der dich glücklich macht.

Die Praxis hat jedoch gezeigt, dass bis auf krankhafte Spielernaturen die wenigsten Leute das Risiko eines möglichen Totalcrash lieben – daher sind meiner Meinung nach Immobilien für nahezu 100% der Menschen eine geeignete Anlageform, sobald sie begriffen haben, wie das Immobilienspiel gespielt wird.

Das Gute ist, dass ich dir bei guter Vorbereitung die etwaige Angst nehmen kann, dass du als Investor, speziell bei Immobilien, stets und ständig von Gefahren und Risiken bedroht wirst. Obwohl uns die Medien Tag für Tag mit schlechten Nachrichten bombardieren (was ein bloßes Geschäftsmodell ist, denn schlechte Nachrichten verkaufen sich nun mal weitaus besser als die guten), ist die Welt um uns herum im Grunde genommen eine herzensgute Welt und aus Prinzip auf Überfluss und Fülle ausgelegt. Wenn du es mir nicht glaubst, klapp dieses Buch auf der Stelle zu, schlüpf in deine Lauf- oder Wanderschuhe und mach mal wieder einen Waldlauf oder Waldspaziergang, je nach Lust und Laune und körperlicher Fitness. Aber halte dabei bitte die Augen offen.

Was siehst du? Was lebt dir die Natur vor? Ganz richtig: Überfluss und Fülle. Oder hast du schon mal einen gesunden Wald gesehen, der nur aus einem einzelnen Baum besteht? Auch Wiesen weisen in der Regel mehr als nur einen Grashalm auf.

Und da wir Menschen nun mal Teil der Natur sind, unterliegen wir denselben universellen Prinzipien. Es ist genug für alle da.

Jedem von uns stehen Überfluss und Fülle offen.

Und ich bin heute davon überzeugt, dass JEDER Millionär auf der Welt diesen Reichtum irgendwann mit jeder Faser seines Herzens gewollt hat. Ohne diesen festen Willen geht es nicht.

Ich rede jetzt nicht von Lottomillionären. Obwohl deren Schicksal meinen Worten zusätzliches Gewicht verleiht. Denn wie ergeht es den Meisten, denen die Göttin Fortuna entweder per Gewinn-Los, durch eine Erbschaft oder einen anderen »Zufall« zu einem millionenschweren Konto verholfen hat – aus heiterem Himmel? So gut wie all diese »Glücklichen« stehen irgendwann wieder mit leeren Händen da, oft schon nach wenigen Jahren. Weil sie innerlich nicht wirklich bereit waren für diesen Reichtum.

Aber zurück zu unserem eigentlichen Thema: Wenn du den Reichtum durch Immobilien wirklich und wahrhaftig haben willst, wenn du regelrecht danach gierst, dafür brennst mit jeder Zelle deines Körpers – dann wird sich ein Weg finden, wie du ihn bekommst. Garantiert. Unabhängig davon, welcher Motivationstyp du bist. Eine wichtige Voraussetzung dafür ist, dass du dir das richtige Denken angewöhnst. Immobilientycoon Donald Trump, der, da ich diese Zeilen schreibe, gerade sein Amt als US-Präsident angetreten hat, hat etwas sehr Kluges gesagt – unabhängig, wie du sonst über ihn denken magst oder abseits der weniger diplomatisch durchdachten Aussagen, die so mancher noch aus dem Wahlkampf im Kopf haben mag:

Der Mensch ist ein Gewohnheitstier. Ich habe die
Gewohnheit zu lernen über Jahre kultiviert, und sie
gehört zu den angenehmsten Aspekten meines Lebens.
Donald Trump

Übrigens, wie immer man über Donald Trump denken mag: Manche Medien hatten damals, als er de facto pleite war, geschrieben, dass er Anfang der Neunzigerjahre 9 Mrd. $ Unternehmensschulden und 1 Mrd. $ Privatschulden gehabt haben soll. Dann fragte ihn ein Reporter in einem Interview: »Machen Sie sich Sorgen, Herr Trump?« Die lapidare Antwort: »Sich Sorgen zu machen ist reine Zeitverschwendung. Sorgen hindern mich daran, Probleme zu lösen.«

Heute schätzt Forbes das Vermögen des amtierenden US-Präsidenten, den bei der Präsidentenwahl in den USA noch keiner ernst nahm, auf 3,5 Mrd. $ (3,2 Mrd. €).

Gewöhne dir also an, das Richtige zu denken. Dazu gehört auch, dir regelmäßig vorzustellen, dass du deine Ziele wahrhaftig erreichst. Das WIE kannst du dabei getrost aus deinen Vorstellungen ausklammern; du solltest es sogar. Wichtig ist, dass du felsenfest überzeugt bist, dass du es überhaupt schaffst. Der Rest ergibt sich.

Versteh mich bitte nicht falsch: Wenn ich sage, dass du das WIE außer Acht lassen solltest, bedeutet es nicht, dass du dein Vorhaben nicht planen und vorbereiten musst. Dazu gehört, dir – am besten mit einem Coach oder Mentor an einer Seite, der die nötige Erfahrung aufweist – das nötige Wissen anzueignen, das du brauchst, um dein Ziel zu erreichen. Weiterhin benötigst du ein Netzwerk, das dich bei deinem Vorhaben rückhaltlos unterstützt. Und nicht zuletzt brauchst du den Impuls, zu starten und nicht länger abzuwarten. Glaub mir: Immobilieninvestment ist wie die Gründung einer Familie – den perfekten Zeitpunkt gibt es nie.

Mach es einfach. Leg los. Dann hast du den wichtigsten Schritt von allen bereits geschafft.

Geht dir das jetzt etwas zu schnell?
Wirke ich zu forsch?
Dann garantiere ich dir, dass in dir noch ein innerer Saboteur am Werk ist. Das falsche Mindset eben. Dieses falsche Mindset bezieht seine Energie aus Glaubenssätzen, die bereits in frühester Jugend in uns eingepflanzt werden. In aller Regel von Menschen, die es (und das meine ich jetzt überhaupt nicht zynisch!) ja nur gut mit uns gemeint haben: Eltern vor allem, aber auch Lehrer, Geschwister oder Freunde, Kollegen, Vorgesetzte und Verwandte. Und weil wir diese Leute als Menschen schätzen, die uns eigentlich wohlgesonnen sind, haben wir deren Glaubenssätze dankbar übernommen und niemals infrage gestellt – oftmals über Jahrzehnte.

Kein Wunder, dass sich diese Selbstsabotage-Programme pudelwohl fühlen und sich kilometertief in unsere Hirnrinde eingefressen haben.

Welche falschen Glaubenssätze meine ich damit? Es gibt fast unendlich viele. Hier nur eine Auswahl ...

- Es ist schwer, reich zu werden.
- Nur wer hart arbeitet, kann reich werden.
- Geld muss hart verdient werden.
- Leute wie wir werden niemals reich sein.
- Ich bin doch viel zu blöd, um irgendwann finanziell frei zu sein.

- Geld ist einzig und allein auf einer Bank wirklich sicher.
- Glaubst du etwa, ich oder unsere Familie sei aus Geld gemacht?
- Denkst du, ich bin Rockefeller?
- Reiche sind doch sowieso alle unehrlich, skrupellos und korrupt.
- Auf ehrliche Weise kann man keinen Reichtum erlangen, das kannst du vergessen.
- Lieber dich und kein Geld als allein auf der Welt.
- Lieber glücklich als reich.
- Reiche Menschen sind durch die Bank Egoisten.
- Nur durch Sparen allein kann man reich werden.
- Glaubst du etwa, dass Geld auf den Bäumen wächst?
- Man braucht Geld, um Geld zu verdienen.
- Nur wo Tauben sind, fliegen Tauben zu.
- Das kann ich mir niemals leisten.
- Wir kleinen Leute haben doch sowieso kein Händchen für Geld.
- In dieser Welt muss es auch arme Menschen geben, und das sind nun mal wir.

Ich bin sicher, dass tief in dir drin mindestens einer dieser ungeheuer emsigen Selbstsaboteure sein Unwesen treibt. Stimmt's?

Und jetzt die Preisfrage: Wie kannst du diesen Kerl verscheuchen? Wie wirst du ihn los?

Indem du die negative Energie, die dieser Selbstsaboteur aussendet, bewusst in positive Energie umwandelst. Angenommen, an dir nagt ständig die falsche Überzeugung: »Das kann ich mir das sowieso nicht leisten!« Diese negative Aussage kannst du umpolen, indem du sie als Frage formulierst: »WIE kann ich das mir irgendwann mal leisten?«

Damit schlägst du zwei Fliegen mit einer Klappe: Zum einen verbietest du dem inneren Saboteur für immer den Mund. Und zum anderen setzt du auf diese Weise in deinem Unterbewusstsein einen Prozess in Gang, der dich im Hintergrund darüber nachdenken lässt, auf welche Weise du deiner aktuellen Beschränkungen überwinden kannst.

Und genau das hatte ich im Blick, als ich dir geraten habe, keine festen Vorstellungen über das WIE zu entwickeln. Wenn du erst einmal felsenfest davon überzeugt bist, dass du dein Ziel erreichst, dann legt diese Welt automatisch alle notwendigen Hebel um, die benötigt werden, damit du dieses Ziel tatsächlich erreichst. Und zwar in aller Regel auf (Um-)Wegen, die derart überraschend und unvorhersehbar sind, dass du sie durch eine allzu feste Vorstellung über die Art und Weise der Verwirklichung von vornherein blockieren würdest.

Halte dir als Warnung stets vor Augen: Wenn du davon überzeugt bist, dass Geld ständig knapp und schwer erreichbar für dich ist, wirst du unweigerlich Recht behalten. Denn was ist Geld? »Nur« eine Form von Energie. Eine Energie eben, die zu gleichartigen Energien strömt. Das ist eine unweigerliche Auswirkung des LOA, des universellen Gesetzes der Anziehung. Wenn du also nicht daran glaubst, dass Geld auch zu dir kommt, sendest du die Energie aus, dass Geld bloß ja nicht zu dir kommen soll.

Du machst das Fernbleiben zu deinem Wunsch. Und genau dieser (unbewusste) Wunsch wird dir in dieser Welt unweigerlich erfüllt. Und du bleibst ein armer Schlucker. Du wolltest es ja so.

Fragst du dich gerade, welchen Lieblingsglaubenssatz ich habe? Ich verrate ihn dir gern ...

Wenn ich mehr Geld benötige, muss ich mehr Geld produzieren. So einfach ist das!

Paul Misar

Ich weiß heute aus jahrzehntelanger Lebenserfahrung, dass Geldmachen etwas ist, das jeder Mensch lernen kann. Egal, wo er finanziell gerade steht. Und so, wie es Häuser für Arme, für die Mittelschicht und für Reiche gibt, so bieten sich auch unterschiedlichste Investments für schwindsüchtige, normale und prall gefüllte Geldbörsen an. Man muss eben nur wissen, wie man das Beste aus seiner finanziellen Situation macht.

Erinnerst du dich daran, wie ich ein paar Zeilen vorher von den unterschiedlichen Motivationstypen gesprochen habe?

Wenn du, sagen wir mal, ein Sicherheitstyp bist, stehst du damit nicht allein. Allerdings muss dir klar sein, dass die meisten Investoren, die über Erfolglosigkeit klagen, einen fatalen Glaubenssatz hegen und pflegen: »Bloß kein zu hohes Risiko eingehen!«

Ergo musst du als Sicherheitstyp einen Weg finden, wie du die Furcht vom hohen Risiko überwinden kannst.

Irgendwie. Vielleicht hilft dir die Erkenntnis, die reiche Investoren eher früher als später erlangen ...

Risiko gehört dazu – aber es sollte kalkulierbar sein.

Und mal ehrlich: Kalkulierbarkeit sollte doch gerade für einen Sicherheitstypen machbar sein, oder?

Beispielsweise kannst du dir vornhmen (und auch hier am besten schriftlich!), den finanziellen Einsatz bei deinem Immobilieninvestment strikt zu begrenzen. Stell dir vor, du seist im Spielcasino. Du riskierst etwas – und du gewinnst. Hurra!

Kalkulierbarkeit bedeutet nun, diesen Gewinn eisern zur Seite zu legen und niemals anzugreifen. Stell dir vor, du hast im Casino gewonnen: € 10.000. Du spielst jetzt in der nächsten Runde nicht mit € 10.000 Einsatz, sondern steckst € 5.000, also die Hälfte deines Gewinns, in die linke Tasche deines Smokings und greifst diese NIE WIEDER an – egal, ob du ab jetzt gewinnst oder verlierst. Wenn du die anderen € 5.000 verspielst, gehst du nach Hause. Wenn du damit gewinnst, dann steckst du nach der nächsten Runde wieder 50% deines »UNANTASTBAREN GEWINNANTEILS« in die linke Jackettasche. Das »Spielgeld« bleibt in der rechten Tasche. Damit gibt es keine Verwechslungen. Und du kannst nie wieder alles verspielen.

Ich war zwar in meinem ganzen Leben seltener im Casino, als ich Finger an einer Hand habe, aber diese Metapher, glaube ich, hat jeder verstanden. Das ist doch schon einmal ein beruhigendes Gefühl, sich einen Teil der Gewinne fix geparkt zu haben, oder?

Ich gebe zu, dass ich eher dem Risikolager zugeneigt bin. Ich sage nicht: no risk, no fun. Ich sage sogar: more risk, more fun! – natürlich auch nicht blind und uneingeschränkt, sondern abhängig von der Situation. Daher ist es für mich aber auch wichtig, dass ich aus Prinzip gewisse Vermögenswerte nicht mehr riskiere, indem ich sie einfach gar nicht mehr angreife. Wenn dein Geld in Immobilien geparkt ist, ist das überhaupt eine viel sicherere Möglichkeit Vermögen zu vermehren, als wenn du in mobile Werte investiert hast, auf die du jederzeit und schnell zugreifen kannst. Das macht auch die Versuchung größer, es tatsächlich zu tun. Aber zurück zu more risk – more fun: Was meine ich damit?

More fun – das bedeutet doch, dass mich der daraus resultierende finanzielle Gewinn in die Lage versetzt, Jobs zu schaffen – und nicht nur einem Job nachzugehen. Diese geistige Einstellung ermöglicht es mir überdies, Markteinbrüche oder sogar regelrechte Crashs nicht panisch zu fürchten, sondern vielmehr als günstige Gelegenheit zu betrachten, Zukäufe zu tätigen. Gute Investoren schwimmen nämlich nie mit dem Strom, sondern immer gegen den Markttrend. Und ich schaffe es auf diese Weise, mein Geld für mich arbeiten zu lassen. Während die im Übermaß sicherheitsorientierten Investoren nach wie vor hart und eigenhändig für ihr Geld arbeiten müssen.

Versuche doch auch du mal, mehr smart als immer nur hart zu arbeiten!

Aber wie gesagt: Vergiss bei aller Risikofreudigkeit nie, mindestens die Hälfte deiner früheren Gewinne sicher anzulegen. Denn um mit den Worten von Warren Buffett zu sprechen:

Erst wenn die Ebbe kommt, wird man sehen, wer nackt geschwommen ist.
Warren Buffett

Und noch etwas: Sei dir bewusst, dass Investieren mit Risiko je nach Typus und Veranlagung für jeden ganz etwas anderes bedeuten mag. Ein Investment, das dem einen sicher scheint, kann jemand anderem in seiner anderen persönlichen Situation durchaus riskant erscheinen.

Falls dir das jetzt alles noch zu akademisch klingt, unterbreite ich dir einen ganz lebensnahen Vorschlag: Sieh dich um, und such dir mindestens einen Menschen aus, den du als Immobilieninvestor wirklich bewunderst. Schau dir genau an, mit welchen Glaubenssätzen dieser Mensch vorgeht.

An dieser Stelle rate ich dir, in dich zu gehen und deine (höchstwahrscheinlich falschen) Glaubenssätze zum Thema Immobilie schriftlich aufzuschreiben.

Überlege dir dann, welche anderen Glaubenssätze förderlicher wären, um deine Ziele als künftiger Immobilientycoon in Erfüllung gehen zu lassen.

Ich beschreibe übrigens in meinen beiden Büchern LEBENSSANIERUNG und LEBENSDREHBUCH, die ich dir an dieser Stelle sehr für deine Mindsetoptimierung empfehle, Methoden wie tägliche Affirmationsübungen und Glaubenssätze-Change.

Auch bei meinem Seminar LEBENSDREHBUCH, das aktuell zweimal jährlich auf Mallorca stattfindet, befassen wir uns sehr intensiv mit der Thematik Glaubenssätze, und natürlich kannst du auch ein Einzelcoaching hierzu buchen.

Ich empfehle dir auch, die dazu passenden Videos auf meinen Blog www.lifedesigner.info anzusehen

10
Wohlstand hat immer einen guten Grund

Grundbesitz und warum auch du ihn brauchst

Warum hast du dir mein Buch eigentlich zugelegt? Warum solltest du Grund und Boden erwerben – mit einer Rendite-Immobilie obendrauf?

Zunächst einmal: Wenn wir hier von »Immobilien« reden, meine ich in der Tat, wie im Satz zuvor angedeutet, Rendite-Immobilien. Also kein Eigenheim. Keine schattige Waldwiese ohne Bebauungsrecht. Und auch keine Familiengrabstätte, in der du direkt nach Bezug für die nächsten 30 Jahre die Gebeine hochlegen kannst. Nein, ich spreche wirklich von einer Immobilie, die in der Mehrzahl der Fälle durch Vermietung Rendite abwirft.

Das kann im Ausnahmefall auch mal ein gut frequentierter, kostenpflichtiger Parkplatz in der City sein oder Parkplätze in einer Parkgarage (aber bitte auf Feuchtigkeitsprobleme achten). In aller Regel aber sind das Häuser, Mehrfamilienhäuser vielleicht, Lager- und Produktionsareale, Shopping-Malls u. Ä., in die Mieter einziehen und die dir anschließend regelmäßige Einnahmen bescheren.

Und wenn es anfangs noch nicht für ein ganzes Gebäude reicht, können wir uns auch gern über eine kleine Eigentumswohnung unterhalten. Oder zwei. Oder drei … dann irgendwann 30. Oder 300?

Die Dinge sind so lange schwierig, bis sie beginnen, leicht zu werden.

Johann Wolfgang von Goethe

Denn genauso klein habe ich vor vielen, vielen Jahren als Immobilieninvestor angefangen. Wenn es einmal klappt, dann klappt es zweimal. Und irgendwann skalierst du deine Erfolge nur mehr.
Sind wir uns soweit einig?

Das Investment in Immobilien sichert dir vier entscheidende Vorteile ...

1. Immobilien weisen eine langfristige Wertbeständigkeit auf.
2. In aller Regel werfen Immobilien eine überdurchschnittlich hohe Rendite ab.
3. Indem du dein Geld in Immobilien investiert, sicherst du dir einen realen Sachwert.
4. Sobald du die Immobilien vermietest (und sei es, wie bei einem Parkplatz, jeweils nur für 1 Stunde), kommst du in den Genuss eines laufenden Geldflusses, eines Cashflows.

Soweit der grobe Überblick. Gehen wir an die Feinheiten.
Ich finde die Welt der Immobilien spannend. Das war sie immer schon; jetzt aber, im 21. Jahrhundert, wird diese Spannung deutlich erhöht. Denn ich kenne kaum eine andere Anlageform, die z. B. derart viele Freiräume für

kreative Umwidmungen oder alternative Nutzungsformen liefert.

Um das uralte Philosophenwort aufzugreifen: »Nichts ist so beständig wie der Wandel!« Und wenn du mich fragst, sind Immobilien der steingewordene Sinn dieses Gedankensplitters.

Denn auf Immobilien kannst du dich verlassen. Während du bei Aktien und anderen Wertpapieren immer darauf hoffen musst, dass beispielsweise die Unternehmenslenker keinen Mist bauen und den Laden, an dem du Anteile hältst, vor die Wand fahren, hast du bei deinen eigenen Immobilien alle entscheidenden Hebel stets unter Kontrolle. Das bedeutet natürlich auch, dass du selbst für so ziemlich alles verantwortlich bist, was mit deiner Immobilie zu tun hat. Im Positiven wie im Negativen.

Wie du weißt, unterstütze ich mit meinen Informationsaktivitäten den Wunsch vieler Menschen, ihre eigene, persönliche, finanzielle Freiheit zu erreichen. Unter diesem Aspekt kommt Immobilien eine ganz besondere Bedeutung zu. Denn wenn du es richtig anstellst, könntest du bereits nach drei Jahren klugen Investments in Immobilien bereits komplett (!) von deinen Investments leben. Eine andere Einnahmequelle bräuchtest du dann gar nicht mehr. Hättest du das gedacht?

Wobei – drei Jahre sind machbar, aber, zugegeben, sehr optimistisch geschätzt. Der Durchschnitt aller Investoren erreicht diesen Status finanzieller Freiheit wohl eher »erst« nach sieben Jahren. Aber sogar diese Aussicht ist doch klasse, oder?

Was aber, wenn du in puncto Geld im Moment im Stadium der schönen Aussicht verharrst? Wenn du gerade keinen roten Heller auf der Tasche hast?

Dann kannst du dennoch Immobilien kaufen. Wie?

Ich sage nur, um mit Robert Kiyosakis Worten zu sprechen: OPM. Will heißen: With Other People's Money, anderer Leute Geld. Legal, versteht sich.

Auch unter einem anderen finanziellen Aspekt empfehlen sich Immobilien, ist es doch möglich, sie 30 bis 50% unter dem tatsächlichen Wert zu kaufen. Du musst eben nur wissen, wie das funktioniert. Und das sage ich dir noch.

Wenn du, wie ich, gern die Welt bereist, dann kannst du praktisch überall, wo es einen halbwegs freien Markt gibt, Immobilien erwerben und daran verdienen. Wenn du nicht gerade an Nordkorea einen Narren gefressen hast, wo du es als Investor sehr schwer haben dürftest, liegt dir die ganze Immobilienwelt zu Füßen.

Das sind doch hervorragende Nachrichten, nicht wahr?

Aber auch bei Immobilieninvestments gibt es leider den einen oder anderen Haken ...

Die erste dieser Schwierigkeiten enthüllt schon der Name: Immobilien sind, tja, eben immobil, unbeweglich halt. Du kannst sie bei Bedarf nicht einfach mitnehmen; es sei denn, du entscheidest dich für eines dieser ulkigen hölzernen Wohnstätten, die manche US-Amerikaner einfach per Tieflader von einem Wohnort zum anderen verfrachten. Aber solche Wander-Immobilien dürften die Ausnahme sein.

Des Weiteren brauchst du natürlich Marktkenntnisse. Deshalb hast du dir dieses Buch zugelegt, und ich werde mein Bestes tun, damit deine Wissenslücken möglichst auf breiter Front aufgefüllt werden. Ich gehe sogar so weit zu sagen, dass du die Spielregeln nicht nur kennen musst, sondern tunlichst auch im Schlaf beherrschen solltest. Immobilieninvestor ist man stets mit Haut und Haaren – oder gar nicht.

Weiterhin ist es so, dass du Immobilieninvestments nicht einfach so »im stillen Kämmerlein« abschließen kannst. Du brauchst Netzwerkpartner. Darunter verstehe ich beispielsweise Rechtsanwälte, die sich mit dem Thema perfekt auskennen. Einen verlässlichen Finanzierungspartner an deiner Seite zu wissen ist eine weitere Voraussetzung. Und selbstverständlich musst du dich auch auf die Handwerker verlassen können, die für dich gegebenenfalls ein Immobilienprojekt realisieren.

Du brauchst aber auch gute Notare, die immer dabei sind, wenn Menschen sich scheiden lassen oder sterben und damit immer aus erster Hand wissen, wo gerade etwas auf dem Markt kommt. Und es schadet nicht, wenn du ein Netzwerk aus Maklern an unterschiedlichen Standorten hast, denen du im Zweifelsfall auch immer etwas mehr bezahlst, als deine Mitbewerber. Wenn du dich allerdings entscheidest, mit mir gemeinsam den Weg zu gehen und mich als deinen Mentor aussuchst, indem du an meinen Seminaren teilnimmst oder meinem Mentoringprogramm, dann hast du ohnedies innerhalb kürzester Zeit Zugriff auf mein komplettes Netzwerk, inklusive anderer Immobilieninvestoren, Anwälte, Makler, Steuerberater in Deutschland, Österreich und auf Mallorca u. v. m.

Weiter vorn im Buch habe ich davon gesprochen, dass Immobilien wertstabil sind. Und dabei bleibe ich auch. Allerdings ist nicht ausgeschlossen, dass sie – meistens auf einem hohen Niveau – Wertschwankungen unterliegen. Jetzt, wo ich für dieses Buch die Tastatur glühen lasse, läuft der deutsche Immobilienmarkt gerade heiß. Für Verkäufer ein Eldorado; für Käufer die Hölle. Aber dieses Kräfteverhältnis kann sich auch rasch wieder ändern.

Und nicht zuletzt musst du dir darüber im Klaren sein, dass du Verluste schreibst, wenn du eine Immobilie zu teuer eingekauft hast. Das ist eigentlich eine Binsenweisheit, aber der eine oder andere hat sie nicht immer klar vor Augen. Daher versuche ich immer 30 bis 40% unter Wert zu kaufen. Wie man das macht erfährst du, wenn du in den inneren Kreis gelangst, indem du mal eines meiner Seminare zum Thema besuchst. Hier findest du nochmals den Link:
www.immobilientycoon.live

Woran erkennst du eigentlich, ob ein Haus seinen Kaufpreis wert ist?

»Der Preis ist, was du zahlst; der Wert ist, was du bekommst!«
Warren Buffett

Im Gegensatz zu uns Menschen, kommt es bei der Bestimmung wahrer Werte bei Rendite-Immobilien auf die Äußerlichkeiten an. Das ist jedenfalls meine Erfahrung. Sprich: Dach, Keller – das muss in Ordnung sein. Ebenso die Infrastruktur, beispielsweise ein Fahrstuhl. Auch das Treppenhaus sollte keine allzu großen Anlässe zur Kritik liefern. Aber Risse im Fundament sind natürlich ein absolutes Ausschlusskriterium. Daher ist es IMMER relevant, auch wenn ich nur eine Wohnung in einem Mehrfamilienhaus kaufe, gemeinsam mit einem Fachmann Dachboden und Keller sowie das gesamte Treppenhaus zu besichtigen, um spätere Überraschungen zu vermeiden.

Dagegen ist es relativ uninteressant, wie die Innenräume zugeschnitten (Ausnahme sind tragende Wände) oder in welchem Zustand die Räume sind. All das kann man nachträglich aufbessern.

Ich liebe es z. B., wenn ich in eine Wohnung komme und alte Teppiche bemerke oder dass schon lange nicht mehr gestrichen und/oder tapeziert wurde und das Bad neu gemacht werden muss. Das gibt mir Spielraum beim Preiseverhandeln, und meist sind diese Arbeiten mit etwas Farbe, neuem Bodenbelag und einigen Fliesen im Bad innerhalb weniger Tage wieder abgeschlossen. Mit etwas Glück kann ich mit wenig Investment dann aber die Miete deutlich steigern. Auch die Innenaufteilung der Wohnung kann manchmal mit kleinen Adaptionsarbeiten und wenigen tausend Euro deutlich verbessert werden.

Ich habe beispielsweise schon öfters aus einer ungünstig geschnittenen großen Wohnung zwei oder gar drei kleinere, günstigere und damit leichter vermittelbare Wohnungen gemacht. Einfach, indem ich einige wenige, neue Mauern und Eingangstüren eingezogen habe. Auch wenn ich für diese kleineren Bleiben jeweils weniger Miete verlangen konnte, als für die ursprünglich größere Wohnung, habe ich auf diese Weise natürlich wesentlich mehr Rendite eingefahren.

Beispielsweise erwarb ich einmal einer Wohnung südlich von Wien, die als eine Wohnung immer schlecht vermietbar war. Später habe ich zwei Wohnungen daraus gemacht und siehe da – die Miete konnte um über 30% binnen eines Jahres angehoben werden.

Allerdings sollte man das nicht übertreiben: Ich habe mich mal für eine Dachwohnung in Wien interessiert; lange verhandelt – und dann hat es leider doch nicht geklappt.

Den Zuschlag hat aber eine sehr prominente Dame bekommen, die normalerweise die Opernbühnen dieser Welt mit ihrem Gesang erfreut, ganz speziell natürlich in der Wiener Oper oder auch bei den Salzburger Festspielen. Ich spreche von einer der namhaftesten Sopranistinnen unserer Zeit: Anna Netrebko. Und was war das Ende vom Lied? Wegen allzu intensiver Umbauarbeiten, inklusive Pool und Whirlpool am Dachboden, hat sie beinahe das ganze Haus, das im 16. Jahrhundert erbaut wurde, zum Einsturz gebracht. Der Statiker hatte sich etwas verrechnet, wie man einige Monate später in der Zeitung nachlesen konnte, als im Zuge der Gebäudesanierung das einsturzgefährdete Gebäude temporär von allen Bewohnern geräumt wurde. Die armen Herrschaften mussten für mehrere Monate das schöne alte Haus verlassen und ins Hotel ziehen, bis die Gefahr gebannt war.

So ist eben das Immobilieninvestoren-Leben. Risiken lauern überall.

Ich jedenfalls schätze das Risiko, als »normaler Arbeitnehmer ohne Immobilienbesitz« im Alter als ganz, ganz armer Schlucker dazustehen, heute deutlich höher ein, als durch ein Immobilieninvestment finanziell baden zu gehen. In meinen anderen Büchern, wie »Lizenz zum Reichwerden«, habe ich schon intensiv darauf hingewiesen, dass unsere Rentensysteme in fast allen »zivilisierten« Ländern potemkinschen Dörfern gleichen: Aus der Ferne betrachtet, stehen sie bestens da – erst aus der Nähe erkennt man, dass da nichts Substanzielles hintersteckt. Der demografische Wandel macht es schon aus Prinzip unmöglich, dass du dich im Alter auf demselben, hoffentlich hohen Lebensstandard bewegen kannst wie heute. Jedenfalls nicht, wenn du dich allein auf deine Rente oder Pension verlässt.

Denn staatliche Altersbezüge sind alles andere als stattlich. Schon jetzt. Und erst recht in naher Zukunft. Dann wird Pfandflaschensammeln zur gängigen Einkommensquelle alter Menschen. Leider Gottes.

Deshalb solltest du es so machen wie ich: Investiere zunächst in dich und deine Person, also in deine Weiterbildung, damit du die Risiken beim Immobilieninvestment besser einschätzen kannst. Damit erweist du dich schon mal als smarter als 99% der Bevölkerung, jenen Schlafschafen, die völlig staatsgläubig blindlings in die Zukunft taumeln – einem bösen Erwachen entgegen.

Wenn du mich fragst, sind die Risiken des Immobilienerwerbs wesentlich leichter zu durchschauen als das, was Rabenvater Staat mit deiner persönlichen Zukunftssicherung vorhat.

11
Das Mäntelchen

Oder: Wie solltest du deine Immobilie am besten kaufen?

Grundsätzlich hast du drei Möglichkeiten: Du könntest

1. als Privatperson auftreten,
2. als Stiftung oder
3. als Kapitalgesellschaft (also als GmbH, AG, UG [haftungsbeschränkt], GbR usw.).

Offen gesagt, als Privatperson bzw. eingetragener Kaufmann würde ich einen Immobiliendeal niemals über die Bühne bringen. Denn was passiert, wenn etwas schiefgeht? Dann haftest du mit deinem gesamten persönlichen Vermögen. Böse Falle!

Mir ist bewusst, dass es auch Immobilieninvestoren – speziell oft kleinere Investoren – gibt, die sich meistens auf Wohnungen spezialisiert haben und in diesem Punkt anders denken. Da ich aber sehr oft auch mit Gewerbeimmobilien oder sehr großen Luxusimmobilien zu tun habe, wo der Wert manchmal mehrere Millionen Euro ausmacht, ist mir das Risiko einer Abwicklung als Privatperson zu hoch. Besonders, wenn Umbaumaßnahmen im Spiel sind oder Altlastenthematiken wie beisspielsweise Kontaminationen, die im Gewerbebereich zu Tage treten könnten.

Beim Erwerb einer Immobilie als Unternehmen aufzutreten bietet noch einen weiteren Vorteil, der aus meiner

Sicht ganz ausschlaggebend ist: Du trittst automatisch wie ein Unternehmer an das »Unternehmen Immobilienkauf« heran. Du wirst also das Risiko streuen und kalkulieren, und bei Verlusten wirst du schlechtem Geld kein gutes Geld hinterherwerfen, Verluste also nicht subventionieren. Aus meiner Erfahrung ist das ein Punkt, an dem viele Investoren scheitern.

Und ich sehe im Prinzip jede Immobilie wie eine Firma. Ich will nur Immobilien, die in sich nach kurzer Zeit Cashflow abwerfen – und das Gleiche gilt auch für Firmen. Und natürlich achte ich beim Einkauf immer auch auf den Preis. Denn entscheidend – wie wir an anderer Stelle noch sehen werden – ist nicht nur »DIE LAGE, DIE LAGE und nochmals DIE LAGE«, wie viele glauben. Nein, viel wichtiger ist DER EINKAUFSPREIS, DER EINKAUFSPREIS und nochmals DER EINKAUFSPREIS!

Oder um wieder mal Onkel Warren zu zitieren:

Es ist viel besser, ein hervorragendes Unternehmen zu einem guten Preis zu kaufen, als ein gutes Unternehmen zu einem hervorragenden Preis.

Oder

Halte den Einkaufspreis so niedrig, dass selbst ein mittelmäßiger Verkauf ein gutes Ergebnis bringt!
Warren Buffet

All das, was Warren hier sagt, gilt sowohl für den Kauf einer Firma als auch für den Kauf einer Immobilie. Also, zurück zu meiner bevorzugten Gesellschaftsform, sowohl bei Firmenkäufen als auch bei Immobiliendeals.

Halten wir fest: Du bist mit einer Kapitalgesellschaft beim Kauf deutlich sicherer dran. Für eine UG (haftungsbeschränkt) brauchst du nur einen Euro Startkapital und niemand anderen als Gesellschafter ins Boot zu holen. Denn im Gegensatz zu einer GmbH oder AG benötigt eine UG (haftungsbeschränkt) nicht notwendigerweise mehrere Gesellschafter. Dennoch (und das sagt der Name ja schon) ist diese UG in ihrer Haftung beschränkt. Prima, nicht wahr?

Ich habe trotzdem immer GmbHs mit einem Stammkapital von mind. 25.000 € in Deutschland oder 35.000 € in Österreich. In Österreich gibt es die »kleine GmbH« schon seit geraumer Zeit nicht mehr, da sich diese nie richtig durchgesetzt hat. Auch bei Banken sieht man diese »Klein-GmbH« nicht besonders gern. Und die Chancen, damit eine Immobilie ohne Mithaftung des Gesellschafters zu bekommen, sind, realistisch gesehen, auch nur dann gegeben, wenn schon mehrere erfolgreiche Projekte im Vorfeld abgewickelt wurden.

Thema Hauskauf: Eine GmbH als Hauskäufer, zum Beispiel bei einem Mehrfamilienhaus, wäre unbedingt meine bevorzugte Variante. Wenn beispielsweise eine Gesellschaft mit beschränkter Haftung eine Immobilie besitzt, können bis zu 94,2% grundsteuerfrei verkauft werden – zumindest in Deutschland. Da fallen die rund 3.000 bis

4.000 € Kosten jährlich für den Unterhalt der GmbH nicht wirklich ins Gewicht.

Ich will dir hier aber auch nicht den Wermutstropfen verschweigen: Wie auch schon eingangs erwähnt, fordern Banken bei der Finanzierung dennoch eine private Haftung, GmbH hin oder her. Die einzige Ausnahme könnte es geben, wenn du, wie gesagt, schon mehrere, erfolgreiche Deals als Investor abgewickelt hast und die Bank schon entsprechendes Vertrauen zu dir aufgebaut hat.

12
Motivation: Mindset

Die Parabel von der Wasserleitung

Die Geschichte spielt Anfang des 19. Jahrhunderts in einem abgelegenen italienischen Dorf, das ein Problem hat: Der Brunnen ist ausgetrocknet. Deshalb bestimmen die Dorfbewohner zwei Männer aus ihrer Mitte, die Tag für Tag mehrmals zu einem weit entfernten Fluss stiefeln sollen, um das begehrte Nass mit Eimern ins Dorf zu tragen. Das hört sich wie ein Knochenjob an und ist auch einer.

Aber er wird sehr gut bezahlt.

Nennen wir diese beiden Wasserträger Pablo und Ricardo. Pablo und Ricardo also stürzen sich mit Feuereifer in diese Arbeit. Sie sind fleißig und redlich, und an ihrem ersten Feierabend ziehen beide Bilanz: Die Füße schmerzen, die Schultern brennen, aber beide haben es auf zehn Touren gebracht. Da Pablo und Ricardo danach bezahlt werden, wie viele Wassereimer sie am Tag herangeschleppt haben, kann sich ihr erster Tageslohn mehr als sehen lassen. Sie sind Spitzenverdiener.

Während Pablo sich zufrieden sein Feierabendweinchen gönnt, kommt Ricardo ins Grübeln: Verflucht, ab jetzt jeden Tag diese Rennerei und diese Schufterei – kann das wirklich die Ultima ratio sein? Es muss eine andere Möglichkeit geben!

Mit diesem Gedanken haut er sich aufs Ohr – und im Traum kommt ihm dann wahrhaftig die Erleuchtung: eine

Wasserleitung! Gebaut vom Fluss direkt ins Dorf! Das ist die Lösung!

Wenn Pablo und Ricardo vielleicht nur acht Touren pro Tag erledigen und die gesparte Zeit, plus einen Anteil vom Feierabend dafür nutzen, diese Wasserleitung gemeinsam zu bauen, dann könnte das Projekt in einem Jahr abgeschlossen sein. Dann müssten sie nie wieder schuften und würden dennoch an jedem Liter Wasser, der ins Dorf gelangt, gut verdienen.

Aber als Ricardo seinem Freund am nächsten Morgen von seiner Top-Idee erzählt, hält sich Pablos Euphorie in Grenzen: »Weniger Eimer heranschaffen, weniger verdienen, aber länger schuften – bist du verrückt? Dieser Job wird doch super bezahlt! Schon in drei Tagen kann ich mir neue Schuhe kaufen; am Ende der Woche dann einen neuen Anzug. In zwei Monaten kann ich mir sogar ein neues Haus leisten. Und vergiss nicht, dass uns sechs Wochen Urlaub im Jahr auf Dorfkosten spendiert werden. Nein, nein, das mit dieser Wasserleitung, das kommt nicht infrage!«

Ricardo seufzt. Aber was soll er machen?

Ab da arbeiten Pablo und Ricardo zwar jeden Tag gemeinsam, aber sie entwickeln sich getrennt. Oder besser gesagt: Pablo entwickelt sich gar nicht. Zugegeben, dank seines gut dotierten Jobs führt er ein Leben wie Gott in Frankreich: neue Kleider, tolles Haus, abends »die dicke Hose« im Wirtshaus, wo er Runde um Runde schmeißt. Er hat es ja!

Aber während Pablo ausgelassen seinen wohlverdienten Feierabend und sein Dasein als Liebling der Massen genießt, ackert Ricardo Tag für Tag an seiner Wasserleitung. Und das als Überstundenleistung nach dem harten Arbeitstag, versteht sich. Wobei er zugleich weniger verdient als sein Kumpel, denn er hört ein bisschen früher auf, um sich intensiver mit der Realisierung seiner Vision beschäftigen zu können. Und obwohl er all sein Herzblut in dieses Projekt steckt, sieht man zunächst kaum Fortschritte. Was ihn natürlich zum Gespött macht – bei den Dorfbewohnern ebenso wie bei Pablo.

Wochen und Monate geht das so. Ganz allmählich jedoch verschiebt sich das Bild – und zwar bei beiden Hauptdarstellern unserer Geschichte: Ricardo hat ganz allein immerhin schon die Hälfte seiner Wasserleitung fertig. Ab jetzt kann er sich Tag für Tag die Hälfte des Weges sparen; er ist schneller mit seiner Hauptarbeit fertig und kann sich noch intensiver seinem Projekt »Wasserleitung« hingeben. – Pablo hingegen zahlt langsam, aber sicher den körperlichen Preis für seine Schufterei: Muskeln und Gelenke schmerzen wie die Hölle, sein Rücken wird krumm, sein Arbeitstempo sinkt. Obwohl ihm die Arbeit schwerer und schwerer fällt, schrumpfen seine Einnahmen, denn er schafft nicht mehr das Pensum von früher. Er, der vorher bei den Ladeninhabern des Dorfes der beste Kunde war, kann sich dort immer seltener sehen lassen – er muss sparen. Und wenn er sich vorstellt, dass er diesen Wasserträgerjob bis an sein gar nicht so seliges Ende machen muss ... Oh Gott! Langsam, aber sicher schwant ihm, dass der Posten doch nicht so super ist, wie er anfangs dachte.

Aber das ist längst nicht das Schlimmste ...

Denn nach ein paar weiteren Monaten hat es Ricardo endgültig geschafft: Die Wasserleitung vom Fluss ins Dorf ist unter seinen Händen fertig geworden.

Ab jetzt wird die Tätigkeit von Wasserträgern nicht mehr gebraucht. Die Folgen kann man sich unschwer ausmalen: Der weitsichtige Ricardo lässt sich jeden Liter Wasser bezahlen, den seine Leitung ins Dorf führt – zu einem niedrigeren Preis zwar als den, den ein Wasserträger dafür verlangen würde. Aber immer noch deutlich mehr als nichts. Zugleich muss Ricardo ab jetzt genau das tun, um diese Einnahmen laufend zu generieren: nichts. Seine hart erarbeitete Investition hat ihm ein fortwährendes, passives Einkommen beschert. Er hat auf ein komfortables Angestellten-After-Work-Leben gepfiffen, Entbehrungen auf sich genommen, eine Vision verfolgt – und kann jetzt die verdiente Ernte einfahren.

Und Pablo? Auch er tut dasselbe: nichts. Gezwungenermaßen.

Denn Wasserträger braucht im Dorf niemand mehr. Also hat man ihn aus den Diensten entlassen. Womit seine Möglichkeit weggebrochen ist, durch aktive Arbeit (also das Prinzip Zeit gegen Geld) seinen Lebensunterhalt zu verdienen. Gestern war er noch der allseits beliebte Lebemann – heute ist er der Bettelmann, dem niemand mehr Beachtung schenkt.

Und während es jetzt an Ricardo ist, schon den Morgen zum Feierabend zu erklären und ein schönes Leben zu genießen, jammert Pablo den Zeiten hinterher, als sein

Portemonnaie noch nicht unter der Schwindsucht gelitten hat. Aber was soll er machen? Er, der früher das halbe Dorf im Wirtshaus auf seine Kosten bei Laune gehalten hat, ist heute heilfroh, wenn sich ein Gast erbarmt und ihn um der alten Zeiten willen ein Glas Wein spendiert.

Ja, dieser Pablo ist zur traurigen Figur geworden. Aber zu seinem Glück ist die Geschichte ja noch nicht zu Ende.

Denn Ricardo ist nicht nachtragend. Ja, er hat sogar eine regelrechte Mission: Er will den ganzen Planeten mit Wasserleitungen eindecken, um sein Vermögen damit noch größer zu machen und zugleich anderen zu helfen, selbst an so ein Vermögen zu kommen. Ich glaube zwar nicht, dass es im 19. Jahrhundert den Begriff »Win-Win-Situation« schon gegeben hat, aber er trifft genau das, was Ricardo als Vision vorschwebt.

Schon recht bald tritt Ricardo auf Pablo zu: »Ich will dich um deine Hilfe bitten, Pablo!«

Doch der ist zunächst misstrauisch: Er, der gestrauchelte Niemand, soll ihm helfen – Ricardo, dem neuen Liebling der Massen und Politiker? Ihm, Ricardo, den alle Welt wegen seiner Weitsicht und seines unternehmerischen Mutes anhimmelt und vergöttert?

Als habe Ricardo Pablos Gedanken lesen können, zerstreut er dessen Bedenken: »Ich meine es wirklich ernst. Ich bin dir nicht böse, dass du mir damals nicht geholfen hast. Schließlich hast du mit deinem Knochenjob genau das gemacht, was uns allen von Kindesbeinen an gesagt worden ist: Schufte nur recht fleißig, dann wirst du den Lohn dafür ernten. Heute weißt du es besser, nicht wahr?«

Mit verzagter Miene ringt sich Pablo ein Nicken ab.

»Aber wie viele Wasserträger mag es da draußen noch geben?«, bohrt Ricardo weiter. »Wie viele Leute geben sich der Illusion hin, dass sie allein durch harte Arbeit auf die Dauer ein auskömmliches Leben führen können?«

Und dann erklärt er seinem alten Freund seine Vision: Er will hinaus in die Welt ziehen und jedem Wasserträger, den er unterwegs trifft, ein Geschäft vorschlagen, das für beide Seiten profitabel ist: Ricardo gibt sein Insiderwissen zum Bau von Wasserleitungen ab – gegen eine kleine Lizenz. Und dieses Insiderwissen ist wirklich enorm und wertvoll, denn da er seine Wasserleitungen allein errichtet hat, weiß im Prinzip nur er, welche Materialien am besten geeignet sind, wo die besten Stellen für Grabungen sind usw. Das Lehrgeld, das er noch zahlen musste, könnten sich die Nutzer seines Wissens sparen. Und die wiederum könnten selbst Wasserleitungen bauen und ihren harten Job als Wasserträger früher oder später an den Nagel hängen. Dennoch würden sie dank des passiven Einkommens über mehr Geld verfügen, als sie durch jede noch so harte Wasserträgerarbeit jemals einstreichen können.

Dieses Konzept, ja, diese Offenbarung – sie löst bei Pablo spontan Begeisterung aus. Und mit neuem Mut macht er sich mit seinem neuen Geschäftspartner Ricardo ans Werk.

Und tatsächlich – bei ihren jahrelangen Streifzügen durch aller Herren Länder begegnen sie unzähligen Wasserträgern, und jedem einzelnen davon stellen sie das Konzept vor.

Doch was ist das?

Albert Einstein, der aktuell leider vorübergehend tot ist, ist zu dem Zeitpunkt, an dem die Story spielt, zwar noch nicht geboren, wird aber einmal ein Bonmot prägen, das die Erfahrungen von Pablo und Ricardo treffend auf den Punkt bringt:

Es ist leichter, ein Atom zu zertrümmern als ein Vorurteil.
Albert Einstein

Und dieses Vorurteil lautet: »Das klingt ja alles gut und schön, aber es ist garantiert nichts für mich!«

In der Tat bemisst sich die Menge derjenigen Menschen, die die von Ricardo und Pablo angebotene Chance beherzt ergreifen und ihr eigenes Wasserleitungs-Business aufbauen wollen, in einem enttäuschenden Promillebereich. So gut wie alle anderen hart arbeitenden Wasserträger kleben an ihrem Job wie ein Zeisig an der Leimrute.

Zur Begründung führen sie das an, was man gemeinhin als gute Gründe durchgehen lässt ...

- »Ich habe keine Zeit dafür.«
- »Ein Freund erzählte mir von einem anderen Freund, der einen Freund hatte, der auch versucht hatte, eine Wasserleitung zu bauen, aber es klappte nicht.«
- »Nur wer früh genug mit dem Bau so einer Wasserleitung angefangen hat, kann Geld damit verdienen.«
- »Ich habe mein ganzes Leben lang Eimer geschleppt. Ich halte mich an das, was ich kann.«

- »Ich kenne Leute, die ihr ganzes Geld bei einem Wasserleitungs-Betrug verloren haben. Das soll mir nicht passieren.«

Ricardo versteht die Welt nicht mehr; Pablo hingegen bringt durchaus Verständnis für diese Chancenverweigerer auf. Hat er früher nicht selbst ähnliche Gedanken im Kopf gehabt, als Ricardo ihm erstmals sein Projekt vorgestellt hat? Ja, ja, diese verdammte Gehirnwäsche von der Wiege bis zum Grab!

All diese Wasserträger, die die Chance ihres Lebens ausschlugen, wurden von »denen da oben« gezielt darauf getrimmt, gut funktionierende Rädchen im Getriebe zu sein, ihre wertvolle Arbeitskraft bloß nicht in sich selbst zu investieren, sondern sie zu Niedrigstpreisen zu verschleudern, nur, um am Ende mit einem kümmerlichen Almosen namens »staatliche Rente« abgespeist zu werden.

Diese Parabel spielt zwar im 19. Jahrhundert, aber bis heute hat sich an diesen skandalösen Verhältnissen nichts geändert. Findest du nicht auch?

Lassen wir die Geschichte einfach so enden: Ricardo und Pablo haben sich nach sehr, sehr vielen Versuchen zur Ruhe gesetzt. Bei den Leuten, die auf Ihr Angebot eingestiegen sind, haben sie eine wirklich bescheidene Lizenzgebühr verlangt – aber unterm Strich hat auch dieses »Kleingeld« Ihr Bankkonto fast zum Platzen gebracht. Wobei auch die Lizenznehmer von ähnlich erfreulichen Erlebnissen berichten konnten.

Und die Moral von der Geschichte – auf dich bezogen?

Zunächst einmal: Glückwunsch, dass du mir auf dem Weg folgen willst, ein richtig, richtig guter Immobilieninvestor zu werden. Denn damit zeigst du, dass du zumindest gewillt bist, aus dem Wasserträger-System auszusteigen und dir Geldmaschinen zu bauen.

Wahrscheinlich fängt so gut wie jeder Mensch irgendwann mal damit an, Zeit gegen Geld einzutauschen, also seine Arbeitskraft gegen Verdienst. Die Frage ist nur, wie lange er diesen Wahnsinn mitmacht. Und die meisten, Gott sei's geklagt, machen ihn sehr, sehr lange mit. Ihr Leben lang, um genau zu sein. Sie kommen noch nicht einmal auf die Idee, dieses irrsinnige System zu hinterfragen oder sich vorzustellen, dass es auch anders laufen könnte.

Du bist aus einem anderen Holz geschnitzt. Prima!

Du hast keine Lust mehr, insgesamt 50 bis 60 Jahre deines Lebens mit einer Arbeit zu verbringen, die dir höchstwahrscheinlich kaum Erfüllung bringt, wenn überhaupt. Die du einfach nur machst, um finanziell über die Runden zu kommen.

Nein, du musst nicht gleich alles hinschmeißen. Aber wenn es beruflich gerade gut läuft bei dir, solltest du JETZT damit anfangen, dir parallel zum Angestellten-, Freiberufler- oder Unternehmerdasein deine eigene »Wasserleitung« zu bauen, deine Geldmaschine – in deinem Fall: dein Immobilieninvestment.

Nimm es dir nicht einfach nur vor.

Mach es.
Leg los.
Na, mach schon!

Immobilien gehören zu den langfristigsten »Wasserleitungen«, oder »Geldmaschinen«, die du dir vorstellen kannst. Zugegeben, es dauert seine Zeit, bis sich eine vermietete Immobilie für dich rentiert hat. Dann aber spült sie dir Tag für Tag, Woche für Woche, Jahr für Jahr eine hübsche Stange Geld aufs Konto. Und einen Gutteil davon solltest du verwenden, um weitere Immobilien zu erwerben und dein Vermögen weiter auszubauen. Sodass du irgendwann mit Stolz auf deinen eigenen Geldmaschinenpark blicken kannst.

Das ist der einzige Weg, um der »Zeit gegen Geld«-Falle zu entgehen und einen wirklich sorglosen Lebensabend anzupeilen.

Und mit Immobilien bist du auf dem allerbesten Weg,

denn ...

Immobilien zählen zu den verlässlichsten, aber zugleich auch spannendsten, ja sogar »vergnüglichsten« Anlageformen, die wir im 21. Jahrhundert haben.

Bei der Anlageform Immobilie übst du weitaus mehr Kontrolle aus, als bei Aktien oder anderen Wertpapieren.

Bei einem vernünftig aufgebauten Immobilienkonzept erreichst du innerhalb von 5 bis 10 Jahren die komplette finanzielle Unabhängigkeit und kannst dann ohne weiteres Einkommen komplett davon leben.

Immobilien sind die Anlageform der Multimillionäre – weil sie selbst »Habenichtsen« ohne Eigenkapital ermöglichen, innerhalb eines vergleichsweise überschaubaren Zeitrahmens ein beträchtliches Vermögen aufzubauen.

Immobilien kannst du mit OPM erwerben – also »other people's money«.

Du kannst Immobilien 30 bis 50% unter Wert kaufen – du musst nur wissen, wie es funktioniert.

Du kannst Immobilien überall auf der Welt erwerben und machst dich so unabhängig von lokalen Krisenherden.

Zu all diesen Punkten werden wir später in diesem Buch noch näher eingehen.

13
Endziel Geldmaschinenpark
Sei schlauer als 99% deiner Mitmenschen!

Vielleicht gehörst du zu denen, die sich in Sachen »Geldmaschinenbau« schwer tun. Die einfach die fantastischen Perspektiven nicht sehen, die mit einem passiven Einkommen verbunden sind. Ein passives Einkommen, wie es dir Rendite-Immobilien sichern können.

Das wundert mich nicht, wenn ich ehrlich bin. Denn schau dich doch mal um in der Welt: Schon von Kindesbeinen an werden wir darauf geeicht, uns auf dieses gottverfluchte »Zeit gegen Geld«-Prinzip einzulassen, also unsere Arbeitskraft gegen Bezahlung zur Verfügung zu stellen. Ein schlechter Tausch, wenn du mich fragst!

Denn bei diesem Prinzip kannst du nur Geld in die Kasse bekommen, wenn du zuvor möglichst gute Arbeit abgeliefert hast. Kannst oder willst du aber nicht arbeiten, weil du krank oder alt geworden bist, bleibst du finanziell auf dem Trockenen sitzen.

An dieser niederschmetternden Feststellung ändert sich auch nichts, wenn man moderne, soziale Sicherungssysteme einbezieht. Denn auch die müssen von irgendwoher bezahlt werden – in diesem Fall eben von den Dummen, die klaglos arbeiten und denen noch mehr vom Lohn abgezogen wird, als ohne diese sozialen Sicherungssysteme notwendig wäre.

Versteh mich nicht falsch: Ich gehöre keineswegs zu jenen Manchester-Kapitalisten, die in ihren Mitmenschen nichts weiter sehen als Humankapital, das es zum eigenen Vorteil auszuquetschen gilt. Ganz im Gegenteil ...

Ich verfolge unter anderem die Lebensmission, möglichst vielen Leuten zur finanziellen Freiheit zu verhelfen.

Aber es erscheint mir so unwahrscheinlich wie Neuschnee an den Hundstagen, dass du als »abhängig Beschäftigter« diese finanzielle Freiheit jemals erreichen wirst.

Vielmehr brauchst du eine Geldmaschine, die dir zu passivem Einkommen verhilft. Während du durch klassische Arbeit aktiv Geld verdienst, speist sich dein passives Einkommen aus Quellen, die du ein einziges Mal erschlossen hast und danach unaufhörlich Geld auf dein Konto spülen.

Sprich: Du investierst ein einziges Mal Arbeit, Mühe, Zeit und Kapital, um diese Quelle zu erschließen – und wirst anschließend davon profitieren. Ein Leben lang. Sogar dann, wenn du danach einfach nur noch die Beine hochlegst.

Dieses Prinzip des passiven Einkommens steht natürlich im krassen Gegensatz zu jener dummen Denke, die uns im Kindergarten, in der Schule, in der Lehre, im Beruf, im Freundeskreis, ja, sogar in der gesamten Gesellschaft auf Teufel komm raus eingebläut wird. Das ist der Grund, warum 99 von 100 Menschen noch nicht einmal im Ansatz darüber nachdenken, sich ein solch passives Einkommen aufzubauen. Ihnen, denen das Erwerbstätigen-Evangelium namens »Zeit gegen Geld« wie in Stein gemeißelt vorkommt, erscheint eine solche Geldmaschine ebenso unmöglich und exotisch wie ein Perpetuum mobile.

Aber während Letztgenanntes nur eine Fiktion ist und bleibt, sind Geldmaschinen und passive Einkommen jene Schlüssel, denen die Handvoll Glücklicher, die ihre finanzielle Unabhängigkeit tatsächlich erreicht haben, ihren Wohlstand und ihren Reichtum verdanken.

Genau deshalb habe ich im vorherigen Kapitel die Parabel erzählt: Es ist erschütternd, wie viele Menschen lieber hart als smart zu Geld kommen wollen. Selbst dann noch, wenn man ihnen das Patentrezept unter die Nase reibt.

Zu welcher Gruppe zählst du dich?

14
Übernimm Ver-Antwort-ung für dein Geld

Oder: Wer die Spielregeln nicht kennt, verliert das Immobilien-Spiel!

Deine Verantwortung für Geld kannst du nicht delegieren – oder binde dir keinen Betonklotz ans Bein: Vermeide diese Fehler prominenter Immobilieninvestoren, über die ich in diesem Kapitel berichte. »Variatio delectat«, Abwechslung erfreut, lautet eine Regel für gutes Deutsch. Dennoch muss ich mich an dieser Stelle wiederholen. Es geht nicht anders. Auch wenn es dich stört.

Also, wenn du als Immobilieninvestor dauerhaft Erfolg haben willst, gilt ein eiserner Grundsatz ...

Lerne die Spielregeln!

Ich denke, dass ich allen Grund habe, bei diesem Punkt zu verharren.

Im Januar 2017 hat der Fernsehsender N24 eine interessante Studie veröffentlicht: Demnach geben gerade einmal 53% der Deutschen an, dass sie sich in Geldangelegenheiten – speziell, wenn es um Banken und Versicherungen geht – »halbwegs gut zurechtfinden«. Immerhin 13% geben an, dass sie beim Thema Geld absolut ahnungslos sind. Das ist das Ergebnis einer europaweiten Studie, und der Sender betont, dass die Deutschen mit ihrem Halbwissen noch nicht einmal das Mittelfeld erreichen.

Und wenn ich die Lage bei einem so alltäglichen Thema wie Geld schon in so finsteren Farben malen muss, wie übel mag es dann erst im Bereich der Immobilien aussehen?

»Ja, Paul«, höre ich dich schon lamentieren. »Musst du denn ständig darauf herumreiten? Spielregeln beherrschen, Spielregeln beherrschen, Spielregeln beherrschen! Bäh...«

Ja, muss ich. Denn so sehr ich davon überzeugt bin, dass Rendite-Immobilien der Reichtumsturbo für dich schlechthin sein werden, so sehr weiß ich auch, dass sie dich im selben Turbo-Tempo in den Abgrund reißen können.

Wenn du die Spielregeln nicht beherrschst.

Oder deutlich ausgedrückt: wenn du aus Bequemlichkeit andere vermeintliche Experten damit betraust, für dich in deinem Namen und mit deinem Geld Immobiliengeschäfte abzuwickeln, die dann voll ins Auge gehen.

Tatsache ist, dass sehr oft Millionäre ihr Vermögen Menschen anvertraut haben, die wesentlich weniger besessen haben als sie selbst – allerdings in der Meinung, sie seien Experten für Finanzfragen. Tatsache ist, dass es unzählige »Keiler« irgendwelcher Netzwerkvertriebe oder Makler gibt, die selbst weit davon entfernt sind, Millionäre zu sein, aber dir einreden wollen, sie könnten dein Geld gut anlegen. Ich stelle solchen Leuten, wenn Sie mir ihre »Hilfe« anbieten, gern folgende Frage: »Wie viel Ihres Geldes haben Sie denn selbst in diesen oder jenen Fonds oder in dieses oder jenes Projekt investiert?« Dann wird es meistens sehr schnell still. Vorsicht also vor solchen »Wölfen in Schafspelzen verkleidet«, wie die Heiratsschwindler in dunkelblauen und grauen dreiteiligen Anzügen. Meistens können sie dir nur zeigen, wie du in Zukunft Millionär wirst, wenn du heute schon Multimillionär bist.

Die Zahl der Betroffenen ist Legion. Zumal es beileibe nicht nur die Kleinen und Unbekannten im Land trifft. Nein, sogar Investoren mit Promistatus ereilt dieses Schicksal mit unschöner Regelmäßigkeit.

Die Schlagersängerin Michelle beispielsweise kann ein Lied davon singen (ja, ich weiß, dieses Wortspiel war flach ... aber einfach zu verlockend): Zu ihren Spitzenzeiten verdiente sie 50.000 €. Pro Monat! Daher konnte sie sich schon so einiges leisten: schicke Autos, schicke Mode, schicke Immobilien. Letztgenannte jedoch boten mehr Schein als Sein. Kein Wunder, denn diese Deals hatten so genannte Freunde und Ehemänner für sie eingefädelt. Das Ende vom Lied: 500.000 € Schulden.

Bleiben wir in der Gesangsbranche. Kennst du Matthias Reim noch? »Verdammt, ich lieb dich!« ist als Partyhit einfach nicht totzukriegen. Ebenso wenig wie der Sänger selbst, obwohl er 18 Jahre nach Erscheinen dieses Mega-Hits Privatinsolvenz anmelden musste. Kein Wunder, denn sage und schreibe 15 Millionen € Schulden durch miese Immobiliengeschäfte können die Wenigsten aus der Portokasse begleichen. Als Verursacher dieser Misere machte Matthias Reim seinen ehemaligen Manager aus, dem er blauäugig eine Generalvollmacht ausgestellt hatte. Dieser »Spezialist« sollte das Geld des Sängers gut anlegen; passiert ist das exakte Gegenteil. Inzwischen hat sich Reim von seinem Bankrott erholt, aber der Weg zur Schuldenfreiheit war alles andere als ein Zuckerschlecken.

Da capo? Bitte schön: Blicken wir auf Jürgen Drews, der nicht nur ein Bett im Kornfeld bezogen, sondern unter anderem einen mit 2,4 Millionen DM völlig überteuerten Düsseldorfer Altbau erworben hat. Diesen »blendenden« Tipp steckte ihm sein Steuerberater. Zu allem Unglück pumpte er ein paar Jahre später 700.000 DM aus seiner Privatschatulle in einen geschlossenen Berliner Immobilienfonds, ohne zu wissen, was er da eigentlich tat. Dem Ruin ist er nur um Haaresbreite entkommen, weil seine Frau Ramona sich inzwischen um die Finanzen kümmert.

Aber hacken wir nicht nur auf die armen Stimmbandquäler ein. Auch Schauspieler können in Sachen Immobilieninvestment böse auf die Bühnenbretter fallen. Horst Janson etwa. Der legendäre »Bastian«-Darsteller musste Insolvenz anmelden, weil ihm ostdeutsche Ramsch-Immobilien 650.000 € Schulden an den Hals gehängt hatten. Mit Ach und Krach konnte er sein eigenes Haus behalten, aber er muss sich seither sogar noch im Alter von über 80 Jahren mit kleineren Rollen über Wasser halten.

Wo wir schon von TV-Legenden sprechen: Kennst du Gritt Böttcher noch? Auch ihr brachten Schrottimmobilien in der Ex-DDR fast eine halbe Million Euro Schulden ein. Danach stand sie nahezu mittellos im kurzen Hemd da.

Branchenwechsel: Hera Lind machte mit ihren Büchern ein Vermögen – und verlor es wieder voll und ganz, indem sie in Potsdam und Dresden 16 überteuerte Wohnungen erwarb. Folge waren zig Millionen Schulden.

Alles andere als lustig war das, was der »Samstag Nacht«-Komikerin Tanja Schumann widerfahren ist: Sie verspekulierte sich mit Immobilien, ging erst in die Insolvenz, dann ins RTL-Dschungelcamp.

Ähnlich schlecht erging es TV-Moderatorin Susann Atwell, die durch ein ostdeutsches Immobilien-Fehlinvestment rund 1 Million € ins finanzielle Nirwana geschickt hat. Auch hier ging es nicht ohne Privatinsolvenz ab.

Ach ja, diese Ost-Immobilien!

Das Genick gebrochen haben sie ebenso Peter Bond, der in den Neunzigerjahren als Moderator der TV-Show »Glücksrad« auf breiter Front angehimmelt wurde. Peter wollte nicht nur ein »B« kaufen, sondern versenkte gleich sein ganzes Geld in besagten Ost-Immobilien. Resultat: Privatinsolvenz und lecker Maden-Mahl im Dschungelcamp.

Wetten, dass Moderator Wolfgang Lippert niemals an eine solche Pleite dachte, als er sein Vermögen in das Friedrichshagener Traditionskino UNION sowie in Eigentumswohnungen investiert hatte? Leider ging diese Kapitalanlage schief. Und Lippert in die Insolvenz.

Ewald Lienen, Fußballstar und sowohl auf dem Rasen als auch in der Politik ein echter Linksaußen, hatte wegen seiner kapitalkritischen Grundeinstellung wenig Ahnung von dem »Bauherrenmodell«, dem er treuherzig sein Vertrauen schenkte. Das Modell brach zusammen – und Lienen stand im finanziellen Abseits.

Sogar gestandene Top-Unternehmer sind vor Immobilienpleiten nicht gefeit. Hermann Bahlsen etwa hatte an einer Fehlspekulation mit einer Ost-Immobilie schwer zu knabbern. Die unrentable Liegenschaft ging ihm schließlich derart auf den Keks, dass er sie mit Verlust verkaufte, sich aber anschließend noch mit der Bank herumstreiten musste, die auf einer Restforderung von 1,6 Millionen € beharrte.

Wie gesagt: Das sind nur prominente Beispiele aus deutschen Landen, stellvertretend für zahlreiche gescheiterte Immobilieninvestoren, die ausnahmslos alle denselben Fehler gemacht haben: Sie haben die Spielregeln nicht gekannt.

Da sage ich doch: Mach du es besser!

Und du machst es besser, indem du die Hauptfehler dieser prominenten (aber auch aller anderen) Investment-Schiffbrüchigen vermeidest ...

Du investierst zu wenig in deine finanzielle Ausbildung!

Du vertraust den falschen Personen!

Du hängst den falschen Glaubenssätzen an!

Zwei dieser falschen Glaubenssätze lauten so: »Ich kaufe, um nicht zu verlieren.« Und: »Der Köder muss dem Angler schmecken, nicht unbedingt dem Fisch.«

Letztgenanntes bedeutet, dass du am liebsten um jeden Preis selbst in das Objekt ziehen würdest, auf das du ein

Investoren-Auge geworfen hast. Sobald solche Gefühle in dir aufkommen, sollten alle inneren Alarmglocken schrillen.

Ein paar Zeilen vorher habe ich dich davor gewarnt, den falschen Personen zu vertrauen. Mach in dieser Beziehung doch gleich Nägel mit Köpfen und widme dich verstärkt der einzigen Person, der du auf Dauer wirklich vertrauen kannst: dir selbst.

Will heißen: Lerne die Spielregeln des Immobilieninvestments und übernimm endlich Verantwortung für dein Geld!

Genau das hat ein anderer Prominenter schon früh gemacht, mein Ex-Landsmann Arnold Schwarzenegger nämlich. Früherer Mister Universum. Früherer Gouverneur von Kalifornien. Nach wie vor ein Superstar in Hollywood. Dass Arnold Schwarzenegger in der Traumfabrik ganz klein angefangen hat, ist allgemein bekannt. Aber das gilt nur für den schauspielerischen Bereich. Denn noch bevor er überhaupt seinen ersten Film gedreht hat, war er bereits Millionär – dank seines cleveren Investments in Immobilien.

Gleich, nachdem er von Österreich übergesiedelt war, investierte er seine zahlreichen Preisgelder als Bodybuilder in Rendite-Immobilien. Parallel baute er auch noch einen Direktvertrieb für Kraftsport-Ausrüstungen auf.

Heute wird sein Privatvermögen auf 300 Millionen $ geschätzt. Und nur die Wenigsten ahnen, dass ein beträchtlicher Teil dieses Vermögens gar nicht aus Hollywood-Gagen stammt.

15
Steuern sparen – das falsche Kaufmotiv!

Gleich zu Beginn dieses Kapitels sei eines klargestellt: Ein beliebter Grund für den Kauf von Immobilien sollte für dich tabu sein. Vorausgesetzt, du nicht das gleiche Schicksal erleiden willst wie viele, die von Immobilien keine Ahnung hatten. Nur um Steuern zu sparen, haben die in den 1980ern und 1990ern in Bauherrenmodelle mit überteuerter Immobilien investiert – nur um der Steuervorteile willen! Ähnliche Konstellationen werden auch heute noch manchmal angepriesen, meistens unter anderem Namen, da der Markt sensibilisiert ist.

Aber JEDENFALLS VORSICHT, wenn der steuerliche Aspekt überbetont wird gegenüber Cashflow und Renditeüberlegungen!

Diese Bauherrenmodelle (die ursprünglich an der Universität Köln entwickelt wurden) bezeichnen eine spezielle Form der Kapitalanlage im Wohnungsbau.

Der Anleger war bei diesem Modell nicht der Erwerber der Immobilie; vielmehr trat er als Bauherr auf.

Für zahlreiche Bauherren endete leider dieses Engagement in einem finanziellen Fiasko, da die sogenannten »weichen Kosten« für Konzeption, Prospektierung, Vertrieb, Steuerberatung, Treuhandschaften, Mietgarantie etc. oftmals den Kaufpreis auf 35 bis 100% erhöht haben.

Nach Ausschöpfung der anfänglichen Steuervorteile und Ablauf der Mietgarantien verblieben erhebliche Kredittilgungskosten, die oftmals nicht mehr bedient werden konnten. Da viele der Verkäufer dieser Immobilien später insolvent wurden, gingen die meisten Schadenersatz- und Rückabwicklungsversuche der geschädigten Bauherren ins Leere.

Damit wir uns nicht missverstehen: Natürlich solltest du jeden Steuervorteil ausnutzen, den dir der Kauf einer Immobilie verschafft. Vater Staat musst du wirklich nichts schenken. Aber du solltest niemals eine Immobilie nur deshalb kaufen, weil du dadurch bei deinen staatlichen Abgaben ein paar Euros einsparen kannst. Dieses Vorhaben geht schief.

Ich bringe diese Warnung nicht umsonst an dieser Stelle im Buch unter, denn einige der Prominenten, die du weiter oben mitsamt ihrer Immobilien-Pleiten kennen gelernt hast, hatten bei ihrer Entscheidung nicht etwa ein »$« im Auge, sondern nur ein großes »S«. Ein »S« wie »Steuervorteile«. Das war für viele Rampenlicht-Junkies tatsächlich der einzige Grund, um sich ostdeutsche Schrott-Immobilien unterjubeln zu lassen. Rendite? Egal! Lage und Ausstattung? Auch egal! Steuervorteile? Au, ja!

Eine derart einseitige Sichtweise wird auch dich an die Wand drücken. Diese Denke führt zu irrationalen Entscheidungen. Der beste Schutz gegen diese fatalen Denkfehler: Analysiere ein Immobilienprojekt, und lass dabei ganz bewusst die Steuervorteile außen vor. Ist das Objekt unter diesen Vorzeichen immer noch finanziell interessant für dich? Nein? Dann lass die Finger davon!

16
Zieh deine Lehre aus der Leere
Wissenswertes zum Thema Immobilienleerstand

Immobilieninvestor und Immobilienleerstand – beide verbindet ein ebenso hasserfülltes Verhältnis wie das zwischen Förster und Wilddieb: Erstgenannter bekämpft Letztgenannten, wo es nur geht. Denn wer will ihn schon, den Leerstand?

Wo immer Gebäude aus privatem oder öffentlichem Eigentum ungenutzt oder unvermietet in der Landschaft herumstehen, spricht man vom Immobilienleerstand.

Du weißt ja inzwischen, dass sich der Immobilienmarkt im Großen und Ganzen aus dem Markt für Wohnungen und dem Markt für gewerbliche Immobilien zusammensetzt. Entsprechend unterschiedlich sind die Gründe, wenn es zu einem Leerstand kommt. Das kann konjunkturelle Hintergründe haben. Aber es können auch strukturelle und spekulative Ursachen eine Rolle spielen.

Mit dem Leerstand von Wohnungen und Gewerbeimmobilien haben in Deutschland besonders die neuen Bundesländer zu kämpfen. Denn sogar fast drei Jahrzehnte, nachdem Honeckers Arbeiter- und Bauernparadies zu Boden gegangen ist, dümpeln viele mitteldeutsche Regionen wirtschaftlich immer noch vor sich hin. Was viele Einwohner verständlicherweise dazu treibt, mit Sack und Pack nach Westen »rüberzumachen«, immer noch, wie in der guten, alten Zeit des Kalten Krieges. Folge: Sachsen-Anhalt, Sachsen, Thüringen und Brandenburg leiden unter chronischem Einwohnerschwund – und folglich einem wesentlich höheren Leerstand als die alten Bundesländer. Aber auch deutschlandweit zeigen sich Probleme, hervorgerufen durch den demografischen Wandel speziell in den ländlichen Regionen. Hinzu kommt die banale Tatsache, dass viele Menschen nicht mehr bereit sind, in den »alten Kaschemmen« zu hausen, die ihnen vielerorts angeboten werden.

Andererseits gibt es durchaus Wohnungsnot zu beklagen, und an dieser Zuspitzung ist unsereins nicht ganz unschuldig. Versuchen viele Vermieter doch beispielsweise, eigentlich bezugsfertigen Wohnraum gezielt zurückzuhalten. Offenkundig erhoffen sie sich höhere Renditen. Profitstreben erstickt also nicht selten das Gemeinwohl.

Bei Gewerbeimmobilien sieht es nicht anders aus: Berlin, München, Hamburg, Köln, Frankfurt, Düsseldorf und Stuttgart zählen zu den größten Bürozentren in diesem Land, verfügen zusammen über rund 90 Millionen m² Bürofläche – und beklagen dennoch einen Büroflächenleerstand von fast 6 Millionen m². Zeitgleich wird nur die Hälfte dieser Fläche vermietet, verkauft oder realisiert.

Etwas mehr als 40 Millionen Wohnungen sind in Deutschland registriert; 36 Millionen davon sind tatsächlich bewohnt. Damit beträgt die Leerstandsquote für deutsche Wohnungen im Jahr 2013 rund 3,1%. Rechnet man Bauruinen hinzu, beträgt der Anteil schon 5,3%.

Alles in allem wird der Bedarf nach Wohnraum bis zum Jahr 2030 kontinuierlich ansteigen. Das belegen Prognosen.

Man muss dazu noch nicht einmal Umbruchereignisse wie Flüchtlingswellen und Ähnliches in die Rechnung einbeziehen. Nein, die Lebensmodelle der Menschen ändern sich so oder so; immer mehr Zeitgenossen ziehen es vor, als Single zu leben. Sie benötigen ganz andere Wohnraumkonzepte als die klassische Vater-Mutter-Kinder-Familie.

Besonders in Berlin, aber auch in anderen vergleichbaren Großstädten »brodelt« es gewaltig: Fachleute schätzen, dass sich die Wohnraumnachfrage unter konstanten Bedingungen um ca. 6% erhöhen wird. Diese Zahl könnte sich sogar auf etwa 24% steigern, wenn die Pro-Kopf-Wohnflächennachfrage steigt.

Über all diese Entwicklungen – z. B. Altersstruktur und Zusammensetzung der Haushalte – musst du vor einem Kauf Bescheid wissen. Für eine erste Orientierung empfehle ich dir den Besuch auf diesen Seiten ...

- kostenlose Internetportale wie »Wegweiser Kommune«
  http://www.wegweiser-kommune.de/
- Prognose Zukunftsatlas 2015
  http://www.prognos.com/publikationen/zukunftsatlas-regionen/
- Bevölkerungsentwicklung
  https://www.destatis.de/DE/ZahlenFakten/GesellschaftStaat/Bevoelkerung/Bevoelkerung.html

Aber auch andere Faktoren spielen eine Rolle, wenn du eigenen Leerstand vermeiden willst. Deine künftige

Immobilie steht ja nicht allein auf weiter Flur, sondern steht – eben wie jedes Unternehmen – in Konkurrenz: mit anderen Wohnraumangeboten, ebenso wie mit allgemeinen Lebensumständen und Zukunftsaussichten. Wirf daher einen kritischen Blick auf ...

- Wohlstands- und Armutsindikatoren
- Kaufkraft
- vorhandene Infrastruktur
- Verkehrsanbindung
- Versorgung mit Medien
- Gas – Strom – Wasser
- örtlicher Mietspiegel
- Preisindikation bei Gemeinde erfragen
- Mieten und Kaufpreise in Erfahrung bringen
- Vergleich sämtlicher Immobilienangebote in der näheren Umgebung

17
Bitte kein Plattenbau im Hirn

Wichtige Tipps bei der Auswahl deiner Immobilie

Wenn du auf Dauer mit Immobilien erfolgreich sein willst, darfst du dich nicht nur in der Theorie wohnlich einrichten. Denn ob in deiner Haut ein zukünftiger und vor allem erfolgreicher »Immobilientycoon« steckt, erweist sich in der Praxis, im wahren Leben.

Bei der Besichtigung von Häusern beispielsweise.

Bei Immobilien ist es eben nicht anders wie in allen anderen Bereichen des Lebens: Mit bücherklugen Hörsaalgelehrten kann man die Straße pflastern. Die sind zu allem fähig und zu nichts zu gebrauchen. Und daher in so gut wie keinem Fall identisch mit jenen Menschen, die unsere Welt voranbringen und wirklich etwas bewegen können.

Ob du ein Macher bist, ein Zupacker, ein Checker – das zeigt sich unmittelbar vor Ort, im Umgang mit dem praktischen Objekt.

Deshalb widme ich dieses Kapitel einigen Tipps und Hinweisen rund um die Überprüfung deiner Wunschimmobilie. Also, worauf musst du achten, wenn du ein bestimmtes Objekt ins Auge gefasst hast?

Das Allerwichtigste: Schau dir das »Objekt der Begierde« wirklich vom Dach bis zum Keller an. Lass nichts aus. Nichts!

Besorge dir vorher die Grundrisspläne, und überprüfe beim Ortstermin, ob der aktuelle Bestand und die Aufteilung der Räume diesen Plänen bzw. Umbauplänen entspricht. Das ist umso wichtiger, wenn die Immobilie älter als 30 Jahre ist.

Gleiche den Plan immer wieder mit der Wirklichkeit ab: Fallen dir Zwischenwände auf, die nicht in den Bauzeichnungen vermerkt sind? Oder sind umgekehrt Zwischenwände entfernt worden, die laut Plan eigentlich existieren müssten?

Das ist wichtig zu wissen. Denn es könnte ein Hinweis darauf sein, dass hier ohne baurechtliche Genehmigung Umbauten vorgenommen worden sind. Wenn du diesen Punkt nicht im Vorfeld klären kannst, kann dir das später massive juristische Schwierigkeiten bereiten.

Dasselbe – allerdings in noch größerem Stil – gilt für Umbauten am Dachgeschoss: Falls die vorgenommen worden sind: Gab es dafür eine Baubewilligung? Und wie steht es um die Genehmigung von Dachgeschoss- oder Souterrainwohnungen sowie Anbauten wie Terrassen, Wintergärten, Gartenhäusern oder Gartenpavillons? Sind die vielleicht »schwarz« errichtet worden? Und selbst wenn nicht: Stehen diese Anbauten womöglich zu nahe an der Grundstücksgrenze?

Kläre diese wichtigen Fragen unbedingt ab. – Solltest du dich in diesem essenziellen Themenfeld nicht gut genug auskennen (ein typisches Anfängerproblem), musst du bei der Besichtigung auf alle Fälle einen Bausachverständigen an deine Seite nehmen.

Wenn du die Baupläne anforderst, solltest du auch gleich nach dem Energieausweis fragen. Denn bei der Besichtigung solltest du ein kritisches Auge auf den energetischen Zustand des Hauses werfen: Wie steht es um die Dämmung der verschiedenen Bauteile? Wie viel Energie verbrauchen die technischen Anlagen?

Mit Argusaugen solltest du auf Wasserränder an der Fassade achten. Das Gleiche gilt für Schimmelflecken oder Putz, der abbröckelt. Lass dich nicht davon abbringen, sofort die Ursachen festzustellen.

Feuchtigkeitsprobleme sind nämlich eine verdammt heikle Sache. Deshalb empfehle ich bei älteren Gebäuden, professionelle Feuchtigkeitsmessungen der Wände. Ein Muss sind diese Messungen regelrecht, falls dir die oben geschilderten Schadensbilder aufgefallen sind. Und es kann nicht schaden, einen Bauschadensgutachter hinzuzuziehen. Wenn dir beispielsweise Schimmel an den Außenwänden oder in den Ecken auffällt, könnte dies die Ursache für Wärmebrücken bei der Isolierung sein. Das gilt auch für Balkon- oder Fensteranschlüsse.

Schau bei der Fassade lieber zweimal hin: Sollten bei der Fassade mehr als 10% einen neuen Putz nötig haben, bist du gesetzlich verpflichtet, die gesamte Fassadenfläche zunächst nach der aktuellen Energiesparverordnung zu dämmen.

Erkundige dich bei der Inaugenscheinnahme auch nach dem örtlich gültigen Milieuschutz: Die Gemeinde kann dir unter Umständen untersagen, Mieterhöhungen vorzunehmen.

Auch wenn's dir stinkt: Nimm unbedingt den Abwasserkanal in Augenschein. Es kann sich als Vorbeugungsmaßnahme sogar lohnen, hier vorsichtshalber eine professionelle Kanalsanierungsfirma mit der Inspektion zu beauftragen. Denn dieser Bereich birgt erfahrungsgemäß ein besonders hohes Problempotenzial.

Und hier noch ein paar allgemeine Tipps, die sich bei meinen eigenen Immobiliengeschäften immer glänzend bewährt haben ...

- In weniger guten Gegenden solltest du nicht zu große Wohnungen kaufen, in Bestlagen vorzugsweise nicht zu kleine.
- Vermeide beim Wohnungsschnitt zu viele Durchgangszimmer.
- Achte bei Bädern darauf, dass sie nicht von der Küche zugänglich sind (wie bei Altbauten in einzelnen Städten teilweise noch üblich).
- Beachte, dass Gästezimmer außerhalb der Wohnung oder im Dachgeschoss und sonstige Extrazimmer und Hobbyräume nicht den Nutz- oder Wohnflächen zugeordnet werden; sie gehören nicht zur abgeschlossenen Wohnungseinheit (hier neigen Makler gern zum Tricksen).
- Du solltest niemals mit Umbauarbeiten beginnen, bevor du einen Kaufvertrag in der Tasche hast.
- Der Verkauf einer Immobilie ist auch im unerwarteten Zustand möglich, sofern Konstruktionspläne und Bauoptionen vorliegen.

- Kaufe niemals eine schöne Wohnung in einem schlechten Haus; kaufe ruhig eine schlechte Wohnung in einem schönen, gepflegten Haus; habe keine Scheu vor Wohnungen im optisch schlechten Zustand.
- Werte ein ordentliches, gepflegtes Treppenhaus als Plus; zerstörte Briefkästen hingegen sind ein Alarmsignal.
- Nimm dir Zeit für die Auswahl deiner Immobilien. Besichtige ausreichend viele Objekte.
- Tritt bei der Suche nach passenden Objekten in die Fußstapfen des zukünftigen Mieters.
- Wo neue Arbeitsplätze entstehen, steigen die Mietpreise.
- Brich bei der Besichtigung nie offensichtlich in Entzücken aus, auch wenn dir das Objekt noch so gut gefällt.
- Verkaufe Garagenstellplätze und Nutzungsflächen im Außengelände extra, wenn es auf Käuferseite mit der Finanzierung eng wird.
- Vorsicht bei der Vermietung an Diplomaten.
- Mache investitionsfreudige Mieter zu Partnern.

18
Procedere vor dem Kauf – die Due-Dilligence-Phase

Als Due Dilligence bezeichnet man bei einem Firmenkauf die vorherige Phase der Überprüfung.

Ähnlich ist es bei einer Immobilie: Die Prüfungsphase, bevor ich mich endgültig für eine Immobilie entscheide, besteht aus ...

Grobprüfung

Was spielt dabei eine Rolle? Die Lage der Immobilie und gewisse Kennzahlen, die wir später in diesem Buch noch genauer betrachten werden.

Danach geht es aber in die Phase ...

Detailprüfung

Hier stehen folgende Punkte auf der Agenda ...

- Makrolage prüfen
- Mikrolage prüfen
- alle Unterlagen besorgen
- Checklisten durcharbeiten
- Kaufnebenkosten betrachten
- Finanzierung berechnen
- Notartermin vereinbaren
- »Checkliste im Anschluss an den Immobilienkauf«

bearbeiten. Die Checkliste »Im Anschluss an den Immobilienkauf« kannst du anfordern auf https://immobilien-geschenk.com

Makrolage

Als Makrolage bezeichnet man die Region, in der eine Immobilie liegt. Ebenso wird hier die großräumige Lage einer Immobilie betrachtet.

Das Wort Makro kommt aus dem Griechischen und steht für groß und weit. Für viele Investoren ist die Makrolage eines der beiden wichtigsten Entscheidungskriterien, ob sie sich näher für ein Objekt interessieren oder nicht.

Mikrolage

Mikro bedeutet im Griechischen klein. Es handelt sich bei der Mikrolage um den zweiten entscheidenden Aspekt bei der Auswahl von Immobilien: die nähere Umgebung des Objektes, die örtliche Infrastruktur, die angrenzenden Straßen, die Nachbarschaft, das Viertel, in dem sich die Immobilie befindet, die Verkehrsanbindung u. v. m.

Unter anderem spielen Kriterien wie Lärmpegel- und Luftbelastung, einfacher Zugang zu Bildungseinrichtungen, Einkaufsmöglichkeiten, etc. ein erhebliches Entscheidungskriterium späterer Mieter. Auch Investoren schenken diesem Kriterium große Beachtung.

Ich habe für mich folgende Punkte definiert, die ich immer im Vorfeld überprüfe:

- Zukunftsindikatoren
- Kaufkraft
- Wohlstands- und Armutsindikatoren
- vorhandene Infrastruktur
- Verkehrsanbindung
- Versorgung mit Medien
- Gas, Wasser, Strom

Wie du deine Immobilien besichtigen solltest? Ob du ein Macher bist, ein Zupacker, ein Checker – das zeigt sich unmittelbar vor Ort, im Umgang mit dem praktischen Objekt.

Deshalb widme ich mich in diesem Kapitel einigen Tipps und Hinweisen rund um die Überprüfung deiner Wunschimmobilie.

Also, worauf musst du achten, wenn du ein bestimmtes Objekt ins Auge gefasst hast?

Das Allerwichtigste: Schau dir das »Objekt der Begierde« wirklich vom Dach bis zum Keller an. Lass nichts aus. Nichts!

Besorge dir vorher die Grundrisspläne und überprüfe beim Ortstermin, ob der aktuelle Bestand und die Aufteilung der Räume diesen Plänen bzw. Umbauplänen entspricht. Das ist umso wichtiger, wenn die Immobilie älter als 30 Jahre ist.

Gleiche den Plan immer wieder mit der Wirklichkeit ab: Fallen dir Zwischenwände auf, die nicht in den Bauzeichnungen vermerkt sind? Oder sind umgekehrt Zwischenwände entfernt worden, die laut Plan eigentlich existieren müssten? Das ist wichtig zu wissen. Denn es könnte ein Hinweis darauf sein, dass hier ohne baurechtliche Genehmigung Umbauten vorgenommen worden sind. Wenn du diesen Punkt nicht im Vorfeld klärst, kann dir das später massive juristische Schwierigkeiten bereiten.

Dasselbe – allerdings in noch größerem Stil – gilt für Umbauten am Dachgeschoss: Falls die vorgenommen worden sind: Gab es dafür eine Baubewilligung? Und wie steht es um die Genehmigung von Dachgeschoss- oder Souterrainwohnungen sowie Anbauten wie Terrassen, Wintergärten, Gartenhäusern oder Gartenpavillons? Sind die vielleicht »schwarz« errichtet worden? Und selbst wenn nicht: Stehen diese Anbauten womöglich zu nahe an der Grundstücksgrenze?

Kläre diese wichtigen Fragen unbedingt ab. Solltest du dich in diesem essenziellen Themenfeld nicht gut genug auskennen (ein typisches Anfängerproblem), musst du dir bei der Besichtigung auf alle Fälle einen Bausachverständigen an deine Seite nehmen.

Wenn du die Baupläne anforderst, solltest du auch gleich nach dem Energieausweis fragen. Denn bei der Besichtigung solltest du ein kritisches Auge auf den energetischen Zustand des Hauses werfen: Wie steht es um die Dämmung der verschiedenen Bauteile? Wie viel Energie verbrauchen die technischen Anlagen?

Mit Argusaugen solltest du auf Wasserränder an der Fassade achten. Das Gleiche gilt für Schimmelflecken oder Putz, der abbröckelt. Lass dich nicht davon abbringen, sofort die Ursachen festzustellen.

Feuchtigkeitsprobleme sind nämlich eine verdammt heikle Sache. Deshalb empfehle ich bei älteren Gebäuden professionelle Feuchtigkeitsmessungen der Wände. Ein Muss sind diese Messungen regelrecht, falls dir die oben geschilderten Schadensbilder aufgefallen sind. Und es kann nicht schaden, einen Bauschadensgutachter hinzuzuziehen. Wenn dir beispielsweise Schimmel an den Außenwänden oder in den Ecken auffällt, könnte dies die Ursache für Wärmebrücken bei der Isolierung sein. Das gilt auch für Balkon- oder Fensteranschlüsse.

Schau bei der Fassade lieber zweimal hin: Sollten bei der Fassade mehr als 10% einen neuen Putz nötig haben, bist du gesetzlich verpflichtet, die gesamte Fassadenfläche zunächst nach der aktuellen Energiesparverordnung zu dämmen.

Erkundige dich bei der Inaugenscheinnahme nach dem örtlich gültigen Milieuschutz: Die Gemeinde kann dir unter Umständen untersagen, Mieterhöhungen vorzunehmen.

Auch wenn's schmutzig werden könnte: Nimm unbedingt den Abwasserkanal in Augenschein. Es kann sich als Vorbeugungsmaßnahme sogar lohnen, hier vorsichtshalber eine professionelle Kanalsanierungsfirma mit der Inspektion zu beauftragen. Denn dieser Bereich birgt erfahrungsgemäß ein besonders hohes Problempotenzial.

Lass Vorsicht walten bei der Vermietung an Diplomaten. Sie besitzen diplomatische Immunität, und du kannst sie nicht belangen, wenn sie Schaden hinterlassen haben. Mache investitionsfreudige Mieter zu Partnern.

Am Buchende findest du eine Checkliste für den Kauf deiner Wunschimmobilie, die du kopieren kannst. Oder du forderst gleich das gesamte Checklistenpaket kostenlos an unter:
http://www.immobilien-geschenk.com

19
Das Haus muss zu dir passen
Vor- und Nachteile unterschiedlicher Immobilienarten

Ich habe bislang meistens von Rendite-Immobilien gesprochen. Eigentlich dauernd, wenn ich ehrlich bin.

Aber welche Immobilienarten fallen eigentlich darunter? Was wirft Rendite ab?

Nun, es gibt Immobilien, die Wohnzwecken dienen, und Immobilien, in denen Gewerbe ausgeübt werden.

Lass es uns stark vereinfacht ausdrücken: Der Immobilienmarkt besteht aus Wohn- und aus Gewerbeimmobilien. Da ich ein Verfechter der Spezialisierung bin, empfehle ich dir, dich zunächst einem dieser Märkte zuzuwenden, alles über ihn zu lernen – und erst danach Segment Nr. 2 anzugehen.

Für beide Bereiche gilt aber: Immobilien werden nicht nur zu Wohnzwecken oder gewerblich genutzt; sie dienen ebenso als Investitions- oder Anlageobjekte.

Unter einer Wohnimmobilie versteht man ein Gebäude oder einen Gebäudeteil, der ausschließlich oder überwiegend Wohnzwecken dient. Die viel zitierte »Wohnung« also, überdies Ein- und Mehrfamilienhäuser. Hierzu ist wichtig zu wissen, dass im Vergleich zu vielen anderen europäischen Ländern in Deutschland relativ viele Menschen zur Miete wohnen. In Ländern, die immer mal wieder gern als Staatspleiteaspiranten gehandelt werden, liegt der Anteil der Immobilienbesitzer nicht selten bei 70% oder höher. In Deutschland, das sich immer gern mit dem Nimbus besonderer staatsfiskalischer Seriosität umgibt, genießt hingegen noch nicht einmal jeder Zweite eigene vier Wände.

Andererseits könnten die stetig steigenden Mietkosten aber dazu führen, dass die Eigentumsquoten hierzulande in die Höhe gehen. Wobei der Erwerb von Wohneigentum, wie beispielsweise einer Eigentumswohnung, traditionell ein wichtiger Bestandteil der privaten Altersvorsorge in Deutschland ist. Insbesondere spielen diese Gründe eine Rolle beim Immobilienkauf ...

- 69% der Menschen wollen mietfrei wohnen
- 68% erstreben Unabhängigkeit vom Vermieter
- 65% wollen mehr Gestaltungsspielräume
- 60% sehen in Immobilien eine Wertanlage
- 60% nutzen Immobilien als Absicherung fürs Alter
- 39% wollen ihren Kindern etwas hinterlassen

Ebenfalls gut zu wissen: Das sind die Gründe für einen Umzug – also dafür, dass dir als Rendite-Immobilieninvestor »Kunden« abspringen. Von allen Unzufriedenen klagen ...

- 35% über zu hohe Mieten
- 28% über zu wenig Platz
- 26% über den schlechten Zustand der Wohnung
- 24% über Stress mit dem Vermieter
- 24% über Ärger mit den Nachbarn

Und schau mal, ob du als Geschäftsführer deines Unternehmens-»Wohnraumangebot« nicht stärker dazu beitragen kannst, Wohnträume zu erfüllen ...

- 75% aller Mieter wünschen sich ein Eigenheim
- 54% der Deutschen träumen von einer schöneren Wohnung
- 22% leben bereits in ihrer Traumwohnung
- 13% haben schon konkrete Pläne, aber noch nichts unternommen
- 8% sind auf der Traumwohnungssuche
- 3% stehen kurz vorm Umzug

Von weit weniger Gefühlswallungen geprägt zeigt sich der Markt der Gewerbeimmobilien.

Als Gewerbeimmobilie bezeichnet man ein Gebäude (oder einen Gebäudeteil), das ausschließlich oder überwiegend zu gewerblichen Zwecken genutzt wird: Bürogebäude etwa, Lager- und Logistikimmobilien oder Handelsimmobilien. In diese Gruppe gehören aber auch Sozialimmobilien (Pflegeheime, Altenheime, Seniorenwohnheime, Krankenhäuser), Hotels, Fachmarktzentren u. Ä. Weil sie sich recht einfach verwalten lassen, sind Büroimmobilien bei privaten wie auch bei institutionellen Kapitalanlegern besonders beliebt.

Bei Immobilieninvestitionen wird zwischen einer direkten und einer indirekten Form der Kapitalanlage unterschieden: Zur direkten Anlage zählt zum Beispiel der Erwerb einer Wohnung oder eines Mehrfamilienhauses;

zu den indirekten Immobilienanlagen, geschlossene oder offene Immobilienfonds. Überdies kannst du Immobilienaktien erwerben, also Anteile börsennotierter Unternehmen, die Immobilien halten.

Für all das brauchst du natürlich Kapital – aber nicht unbedingt eine Bank. Widmen wir uns also dieser interessanten Frage zu ...

Wie kann man Großprojekte finanzieren ohne herkömmliche Kreditinstitute?

Ich kann dir hier nicht alles verraten, was meine Kunden in einem mehrtägigen Seminar im Wert mehrerer tausend Euro erfahren. Aber frei nach Bikiniprinzip kann ich dir einiges zeigen (aber nicht alles):

1. Optionskauf

Wenn du die in deinen Augen »perfekte« Immobilie gefunden, aber zur Stunde leider kein Geld oder zu wenig davon in der Tasche hast, kann die »Kaufoption« die Rettung für dich sein.

In diesem Fall wickelst du den Kauf nicht sofort im klassischen Sinne komplett ab. Vielmehr vereinbarst du mit dem aktuellen Immobilieneigentümer, dass du innerhalb eines bestimmten Zeitraums die Immobilie zu einem ebenfalls vorab vertraglich fixierten Preis erwerben kannst. Innerhalb dieser Zeitspanne besitzt du dann das exklusive Recht, dir diese Immobilie zum vereinbarten

Preis zu sichern; der Eigentümer darf die Immobilie also währenddessen nicht anderweitig anbieten oder verkaufen.

Die Vorteile für dich liegen auf der Hand: Du gewinnst Zeit, »Gottes Kredit« also, wie einer meiner Geschäftspartner immer so treffend zu sagen pflegt. Diese Zeit kannst du dann nutzen, um dir das nötige Geld zu besorgen.

Im Idealfall läuft eine solche Frist über mehrere Jahre; dazu solltest du die Kaufoption aber grundbuchlich absichern lassen. Ebenso musst du einkalkulieren, dass Eigentümer sich diese Option nicht selten gut bezahlen lassen. Im Gegenzug hast du grundsätzlich schon vorab die Kontrolle über das Objekt und kannst je nachdem schon damit anfangen, die Immobilie unterzuvermieten. Während dieser Zeit bleibt dein finanzielles Risiko zudem überschaubar.

Aber wo viel Licht ist, gibt es auch Schattenseiten: Solltest du es innerhalb der vereinbarten Frist nicht schaffen, genügend finanzielle Mittel für den Kauf der Immobilie aufzutreiben, ist die Gebühr für die Option ebenso weg wie die Immobilie selbst.

In meinem Heimatland Österreich wird der Optionskauf verhältnismäßig häufig praktiziert. In Deutschland hingegen ist diese Methode so gut wie unbekannt, und entsprechend dünn gesät ist die Zahl von Notaren, die die notwendigen Fachkenntnisse aufbringen.

2. Mietkauf, kombiniert mit Optionskauf

Ich möchte dir ein konkretes Beispiel zeigen. Es handelt sich um eine renovierungsbedürftige Wohnung in guter Lage, die mich 165.000 € kosten sollte. Ich handelte mit dem Verkäufer Folgendes aus ...

Die Wohnung wurde von mir gemietet für 550 € netto im Monat. Parallel dazu zahle ich die Nebenkosten an die Comunidad, die Gemeinde also (die Wohnung ist in Spanien). Hinzu kamen ca. 60 € inklusive Poolpflege etc. Ich erwarb eine Kaufoption – sinngemäß: Sollte ich binnen drei Jahren kaufen, zahle ich nur 155.000 €, im vierten Jahr 165.000 €. Die Kosten für diese Option beliefen sich einschließlich anwaltlicher Beratung, Notariatsakt und grundbuchlicher Eintragung auf ca. 4.500 €. Dem Verkäufer zahle ich zusätzlich eine zehnprozentige Anzahlung auf den Kaufpreis, allerdings mit einer Einschränkung: Ich vereinbarte vier Teilbeträge, jeweils zum Quartalsende; zinsfrei natürlich. In Spanien sind bei Mietkaufgeschäften 10% Anzahlung üblich; manchmal konnte ich auch schon 5% verhandeln.

Die Wohnung war leicht renovierungsbedürftig. Ich kaufte eine neue kleine Küche im Wert von 2.200 € und gab für Maler- und Fliesenarbeiten rund 3.600 € aus.

Ich konnte die Wohnung sofort für eine Monatsmiete von 690 € vermieten; die Betriebskosten wurden zusätzlich abgerechnet. Zwei Jahre später erhielt ich das erste Kaufangebot in Höhe von 225.000 €.

Warum Mietkauf oft funktioniert – aber warum manchmal auch nicht

Ein Mietkauf funktioniert in der Regel, wenn den Verkäufer der Schuh drückt. Also vergiss diese Variante bitte, wenn du eine Immobilie in München-Schwabing erwerben willst. Damit haben wir auch schon abgehandelt, wo er in der Regel nicht funktioniert.

Überall, wo ein Wohnungsmangel herrscht, wird diese Variante nicht funktionieren. Es funktioniert aber wunderbar, wenn jemand schon relativ lange ein Objekt verkaufen möchte. Achte bei Durchsicht der Anzeigen einfach darauf, wo Objekte schon lange im Angebot sind.

Und nun ein kleines Geheimnis, wie ich schon tolle Objekte gefunden habe – etwa auf der Sonneninsel Mallorca. Besonders gut funktioniert dieser Tipp bei Luxusimmobilien.

Achte doch morgens mal beim Joggen, ob du in bester Wohnlage ein Haus siehst mit ungepflegtem Garten. Frag die Nachbarn.

Also Schritt 1: Nachbarn sind meistens die besten Auskunftspersonen. Ebenso alte Frauen mit Hund.

Schritt 2: Sieh im Grundbuch nach. Recherchiere. Oftmals findest du dort eine Bank, die dort als Gläubiger eingetragen und froh ist, wenn proaktiv jemand auf sie zukommt.

Wenn Objekte leer stehen, kann es zudem sein, dass sich eine Erbengemeinschaft im Zuge einer Verlassenschaft um die Verwertung des Objektes streitet und voller

Dankbarkeit eine dritte Alternative von Ihrer Seite annimmt. Sei kreativ! Also, sieh dich um – beim Joggen, beim Autofahren, beim Spazierengehen, beim Einkaufen, beim Bahnfahren ...

Gibt es vielleicht ein interessantes, leerstehendes Haus, das für dich als Investitionsobjekt infrage kommen könnte? Achte vor allen Dingen auf verwahrloste Gärten, vergilbte Gardinen etc. All das sind deutliche Hinweise für einen Leerstand und auch darauf, dass der Besitzer froh sein könnte, einen Abnehmer für die ungeliebte Immobilie zu bekommen. Offenkundig fehlt das Geld, um Grünanlagen und Gemäuer etc. in Schuss zu halten.

Weitere Indikatoren dafür, dass Immobilienbesitzer sich überaus offen für ein Kaufangebot zeigen dürften, sind zugezogene Vorhänge, ein wuchernder, ungepflegter Rasen oder eine ähnlich vernachlässigte Hecke, ein überquellender Briefkasten, abgesprungener Lack an Fenstern und Türen usw.

Apropos: Je verwahrloster sich ein Grundstück oder die darauf stehende Immobilie präsentiert, desto wahrscheinlicher ist es, dass der Verkäufer unter hohem Verkaufsdruck steht. Was natürlich gut für dich ist. Weiterhin solltest du dich umhören: Erfährst du von Ratenrückständen des Verkäufers? Will er sich räumlich verändern und vielleicht ins Ausland gehen? Oder hat er Ärger oder Zerwürfnisse mit Miteigentümern? All das kann dafürsprechen, dass er seine Immobilie möglichst schnell loswerden will oder muss. Hier solltest du das Eisen schmieden, solange es heiß ist.

Neben Immobilien mit Entwicklungspotenzial, sowie Immobilien, die mit (lösbaren!) Problemen oder übermotivierten Maklern behaftet sind, sind solche Verkäufer unter Verkaufsdruck deine besten Freunde, wenn du im Immobilieninvestment in kurzer Zeit richtig rauskommen willst.

Schritt 3: Schreib einen Brief an den Grundeigentümer oder die besagte Adresse. Du kannst ihn auch unter der Türe durchschieben. Oder lege ihn eigenhändig in den Postkasten. Es ist wichtig, dass du die Anschrift des Eigentümers nach vorheriger Grundbuchrecherche mit der Hand schreibst. Der Inhalt des Briefes ist dann in etwa wie folgt:

Mustervorlage

Sehr geehrter Herr/Frau XY,
ich lebe in Ihrer Nachbarschaft, und mir ist aufgefallen, dass das Objekt Musterstraße 7 schon längere Zeit unbenutzt und leer steht. Wir sind auf der Suche nach einem ähnlichen Objekt (***wenn du hier schreibst, nach **genau** so einem Objekt, dann macht das die Sache für dich am Ende merklich teurer – um mindestens 10%!).
Falls Sie Interesse an einem Verkauf oder einer langfristigen Vermietung (***dann besteht die Chance auf Mietkauf) haben, rufen Sie mich doch bitte an unter +49xxxxxxxxxxxxxxxxxxxx, oder schreiben Sie mir: Paul.Mustermann@emailproivider.de

Vielen Dank im Voraus

Also, wir fassen zusammen!

Du findest am einfachsten Immobilien für Mietkauf oder Optionskauf, wenn ein oder mehrere der folgenden Kriterien zutreffen ...

1. Bereits längerer Leerstand.
2. Objekt ist in guter Lage oder sogar Toplage; Garten oder Freiflächen wirken trotzdem ungepflegt und verwildert.
3. Objekt hat technisch dringend Renovierungsbedarf, um nicht weiter Schaden zu nehmen (Heizung, Dach usw.), aber Vermieter hat dafür keine liqiden Mittel.
4. Mieter lebt im Ausland und hat kein Eigeninteresse am Objekt.
5. Vermieter/Verkäufer hat hohe laufende Kosten mit dem Objekt und Liquiditätsprobleme (besonders bei teuren Immobilien, inklusive Schlössern etc. – meistens am technischen Objektzustand zu erkennen).

Grundsätzlich kann ein Mietkauf, wie mir viele meiner Kunden bestätigt haben und ich auch aus eigener Erfahrung sagen kann, bei folgenden Immobilien funktionieren.
- Wohnungen
- Ein- und Mehrfamilienhaus
- Gewerbeimmobilien (für Lager usw.)
- Baugrundstücke
- Sozialimmobilien (Pflege- und Altenheime, Krankenhäuser ...)

- Hotels
- Fachmarktzentren

Dabei ist aber immer zu beachten, dass bei klassischen Mietkaufvarianten zuerst eine in der Regel voll steuerlich absetzbare Miete bezahlt wird und dann mit der letzten Miete das Objekt erst in den Besitz des früheren Mieters übergeht. Es ist extrem wichtig, hier wirklich erfahrene Anwälte und Steuerberater an der Hand zu haben, da dieses Modell steuerlich je nach Region unterschiedlich zu behandeln ist. Es ist eine von vielen Optionen für Finanzieren ohne Bank bzw. alternative Finanzierungszenarien.

Neben Finanzierung durch Privatinvestoren und Crowdfunding ist die geschilderte Version des Mietkaufs eine der beliebtesten Modelle alternativer Finanzierungen ohne Bank. Wenn du hierzu mehr erfahren möchtest, gehe auf meinen Youtube-Kanal Paul Misar oder auf meinen Blog http://www.immobilientycoon.TV

Weitere Beispiele für spezielle Immmobilientycoon-Strategien und Sonderformen der Finanzierung findest du im Kapitel 21 ab Seite 171 dieses Buches.

Überraschend wenig Deutsche bewohnen eigene vier Wände. Jedenfalls, wenn man das europäische Umland zum Vergleich heranzieht. Die latenten »Staatspleite-Aspiranten« unter den EU-Mitgliedsstaaten weisen, kaum zu glauben, eine wesentlich höhere Quote stolzer Hausbesitzer auf. In Spanien, Griechenland, Italien usw. bewohnen tatsächlich deutlich mehr Menschen ein eigenes Haus als im solide wirkenden Deutschland.

Vielleicht liegt die hiesige Unterversorgung mit Immobilienbesitz daran, dass die Deutschen traditionell etwas dagegen haben, Schulden zu machen. Im Grunde ist gegen diese Einstellung nichts einzuwenden. Allerdings gibt es gute Schulden und schlechte.

Gute Schulden? - Schlechte Schulden?

Was ist das denn?

Der geborene Deutsche lernt: Alle Schulden sind schlecht. Daher verschuldet man sich nicht – und wenn man schon Schulden machen muss z. B. um mittels eines Hypothekendarlehens eine Immobilie zu finanzieren, dann zahlt man diese möglichst rasch zurück. Das ist natürlich Unsinn, weil das voll auf Kosten der Liquidität geht. Und Liquidiät geht vor Rentabilität, wie ich immer sage. Ich habe viele Firmen pleite gehen sehen, weil sie nicht mehr liquide waren, sie keine Vermgögenswerte mehr hatten. Letzteres war meistens nicht das wirkliche Problem, aber diese Vermögenswerte konnten meist nicht mehr schnell genug verkauft und daher nicht in Liquidiät verwandelt werden.

Also, ich sage jetzt hier klipp und klar: Schulden, um einen Vermögenswert in Form einer Immobilie anzuschaffen, können unter gewissen Umständen durchaus GUTE SCHULDEN sein und zwar wenn folgende Kriterien erfüllt werden:

- wenn ein positiver Cashflow von Anfang an erwirtschaftet wird,
- wenn 30-40% unter tatsächlicher Wert eingekauft werden kann und
- wenn die anderen Rahmenbedingungen erfüllt werden, die ich in diesem Buch beschreibe.

Und jetzt nochmals als Kontrastprogramm zu den schlechten Schulden:

Wenn du Geld aufnimmst, um damit etwas zu erwerben, das unweigerlich seinen Wert verliert, sind das schlechte Schulden.

Es gibt Menschen, die immer alles munter auf Pump kaufen: den Jahresurlaub ebenso wie den allerneuesten Riesen-Flachbildschirm-Fernseher, die heißesten Designer-Kleider oder das angesagte neue Auto. Und wundern sich dann, dass sie irgendwann überschuldet sind und »Game over!« angesagt ist.

Grenzwertig finde ich, dass solche Menschen von Banken, Kaufhäusern & Co. geradezu zum Schuldenmachen angestachelt werden. Denn nur mit willigen Schuldnern, ohne den Blick für die Zusammenhänge, brummt der Laden überhaupt noch. Würde jeder, wie es früher Norm war, auf die Erfüllung seiner Konsumwünsche diszipliniert hinsparen, wäre die Weltwirtschaft rasch im Keller.

Folge: Die Geldvermögen des einen bestehen heutzutage durchweg aus den Schulden der anderen. Das »Haben« und der »Negativsaldo« bilden die Seiten der ein und derselben Medaille.

Die klugen Vermögenden, zu denen ich dich zählen darf, haben das erkannt und wandeln ihr Geld deshalb tunlichst in wahre Sachwerte um – bevorzugt in Immobilien. Nicht ganz so Schlaue vertrauen unbedarft darauf, dass alles auf ewig so weiterläuft. Bis es ein böses Erwachen gibt, weil immer mehr Schuldner ihren Verbindlichkeiten nicht mehr nachkommen können (das erleben wir gerade). Da Schulden aber nur ein rein rechnerisches Konstrukt sind, nicht wirklich »existieren« und die darauf aufbauenden reinen Geldvermögen daher in Wahrheit buchstäblich aus Nichts bestehen, muss das Geldsystem irgendwann kollabieren. Denn bekanntlich gibt es keine Medaillen mit nur einer Seite.

Bereite dich darauf vor und mache nur gute Schulden. Und gute Schulden machst du, wenn du mit diesem Kapitalsegen ein cleveres (!) Immobilieninvestment unter Dach und Fach bringst. Denn im Idealfall nimmst du von Anfang an deutlich mehr Geld ein, als du für die Tilgung deiner Schulden abgeben musst.

Schließlich bekommst du ja zum Beispiel als Investor in Wohnimmobilien nicht nur die Miete, sondern überdies staatliche Zuschüsse. Da ist es gut möglich, dass du für jeden investierten Euro vier oder fünf Euro Gewinn machst.

Gewinne streichst du aber auch mit Gewerbeimmobilien ein, etwa Bürogebäuden, Lagerhallen, Logistikzentren oder Handelsniederlassungen. Auch Büroräume sind besonders beliebt, denn sie lassen sich vergleichsweise einfach verwalten. Nicht zu vergessen sind zudem Baugrundstücke, Pflegeheime, Alten- und Seniorenwohnheime, Krankenhäuser, Hotels, Einkaufszentren usw.

Und wie investierst du in diese Immobilien?

Eine Möglichkeit ist, eine Wohn- oder Gewerbeimmobilie direkt zu erwerben.

Die andere Möglichkeit ist die indirekte Beteiligung, entweder über geschlossene oder über offene Immobilienfonds. Nicht zuletzt kannst du Immobilienaktien kaufen. Ich persönlich bin aber trotzdem immer ein Freund der direkten Beteiligung. Warum das so ist? Weil es ein Unterschied ist, ob du selbst im Grundbuch stehst oder ob du ein Blatt Papier in den Händen hältst.

20
Suchen statt fluchen
Wie du die richtige Immobilie findest

Die beiden wichtigsten Etappen auf deinem Weg, ein Immobilientycoon zu werden, sind – wen wundert's? – Kauf und Verkauf. Steigen wir also direkt in den Ring: Wie findest du also am besten so eine Immobilie?

Wie bei jedem Kauf, so steht auch beim Immobilienkauf die Informationssuche ganz vorn. Wir leben im Internetzeitalter, und da empfehle ich dir, verschiedene Portale zu nutzen – beispielsweise …

- Immobilienscout 24
- ImmoWelt
- ImmoNet
- IMV Online
- Imtect
- PlanetHome

Die Liste könnte ich fortsetzen, aber ich denke, du weißt, was ich meine. Die Evolutionsrate im Internet ist atemberaubend, und wenn du dieses Buch in den Händen hältst, dürften sicherlich noch einige Seiten mehr hinzugekommen sein als jetzt, da ich dieses Buch schreibe. Googeln macht auch in diesem Bereich schlau.

Und wenn du mich fragst: Auch die sozialen Medien haben in dieser Beziehung einiges zu bieten. Hier solltest du dich also auf alle Fälle umschauen …

- Facebook
- Xing
- Google Plus
- LinkedIn
- Twitter
- Pinterest

Aber bei aller Begeisterung fürs Weltnetz – es gibt Quellen, die du als Immobilientycoon dennoch keinesfalls außer Acht lassen darfst, wenn du auf der Suche nach einem wirklich guten Immobilienobjekt bist.

Da wären zunächst die gedruckten Zeitungen und Fachzeitschriften. Manche extrem konservativen Anbieter setzen einzig und allein auf diesen klassischen Weg – und deren Angebote findest du demzufolge nicht im Netz. Gerade deshalb können sie für dich aber besonders reizvoll werden. Denn viele »Digital Natives« (jüngere Menschen, die vom Krabbelalter an mit dem Internet aufgewachsen sind und »nichts anderes« mehr kennen oder nutzen) kommen schon gar nicht mehr auf die Idee, ihre Nase in so ein Druckwerk zu stecken. Ergo kommen sie als Konkurrenten für dich nicht mehr infrage. Gut zu wissen, oder?

Makler und Notare eignen sich ebenfalls als Informationsquelle, ebenso Anwälte und Steuerberater. Aber bezieh auch zunächst einmal abwegig klingende Dienstleister mit ein: Friseure, Taxifahrer, Beerdigungsinstitute oder Reinigungsunternehmen dürften über so manche leerstehende und lohnende Immobilie Bescheid wissen, die im Verborgenen auf eine Besichtigung wartet. Und frag auch ...

- das private und berufliche Umfeld
- Freunde
- Partner
- Familie
- Vereinskollegen
- Briefträger
- Tante-Emma-Läden
- Tankstellen
- Handwerker
- Nachbarn
- Geschäftspartner
- Kollegen
- Banker
- Handwerker
- Makler
- Hausverwalter
- Immobilienbüros
- Mieter
- Finanzberater
- Gutachtenersteller
- Nachlassverwalter
- Scheidungsanwälte
- Notare
- Sozialdienste
- Vermögensverwalter
- Liegenschaftsamt

- Gemeinden
- Bauträger
- Projektentwickler
- Andere Investoren wie Fonds, Stiftungen
- Freie Auktionen und Zwangsversteigerungen
- Freie Immobilienauktionen

Du siehst also: Ein großes und möglichst gut durchmischtes Netzwerk zu knüpfen, das ist für dich als angehender Immobilientycoon das A und O. Je vielseitiger und unspezifischer deine Verbindungen sind, desto größer sind die Chancen auf »Schnäppchen«. Oder anders gesagt: Sei offen für jede Information, die du bekommen kannst – egal, aus welcher Quelle sie stammt.

Auch Auktionen und Zwangsversteigerungen können dich deinem Traumobjekt näherbringen. Da empfiehlt es sich, hin und wieder beim Amtsgericht vorbeizuschauen; das World Wide Web bietet sich inzwischen aber auch als Informationsquelle an. Schau einfach mal unter ...

- www.zwangsversteigerung.de
- www.versteigerungspool.de
- www.zvg-portal.de
- www.meinestadt.de

Entsprechende Hinweise findest du zudem auf den eingangs besprochenen Immobilienportalen.

21
Nicht nur das Dach sollte dicht sein
Beachte die unterschiedlichen Immobilieninvestorenstrategien

Es gibt verschiedene Mittel und Wege für dich, an eine Immobilie zu kommen und mit dieser in weiterer Folge Gewinn und Cash zu machen (das wäre jedenfalls das Ziel). Wenn du auf dem Gebiet der Immobilien firm werden willst, solltest du die Vor- und Nachteile all dieser Methoden kennen.

Ich nenne sie »Immobiliendeckungsstrategien«.

Kaufen und Halten

Vorteile

- ideale Eignung für Bankenfinanzierung
- langfristig berechenbarer Cashflow
- steuerliche Vorteile bei Verkauf als Privatperson binnen 10 Jahren
- die Inflation/Kreditwerte-Erosion spielt für mich als Investor keine Rolle

Nachteile

- sehr kapitalintensiv
- zusätzliche Kosten durch Bewirtschaftung, Verwaltung und Wartung
- manchmal positiver Cashflow erst nach einigen Jahren

Hier im Detail

Diese Strategie ist den meisten Leuten ein Begriff, denn die meisten Eigenheime werden auf diese Weise erworben. Kein Wunder, denn für Banken ist »Kaufen und Halten« eine Strategie, die ihren Interessen am besten entgegenkommt. Das gilt ebenso für Rendite-Immobilien.

Ein weiterer Vorteil ist, dass du deinen Cashflow, also den Geldfluss auf dein Konto, bei dieser Variante auf lange Sicht gut berechnen kannst. Weiterhin sicherst du dir steuerliche Vorteile, wenn du die Immobilie nach zehn Jahren als Privatperson verkaufst. Und weil auf lange Sicht die Inflation die reinen Zahlenwerte auffrisst, werden auch die rein nominellen Kreditwerte auf die Dauer abgeschmolzen. Schließlich dürften 1.000 € Kredit in 10 oder 20 Jahren wesentlich weniger wert sein als heute. Das spielt dir natürlich in die Hände.

Ich will aber nicht verschweigen, dass du zunächst sehr viel Kapital aufbringen musst, um mit dieser Methode ans Ziel zu kommen. Weiterhin kommen zusätzliche Kosten auf dich zu, etwa für die Immobilien-Bewirtschaftungsverwaltung oder die Wartung. Überdies kommt Geld, z. B. durch Vermietung, oft erst nach einigen Jahren zu dir herein.

Renovierung und Optimierung

Übersicht

- bewusst ältere Objekte auswählen, die renovierungsbedürftig sind

- in den ersten 3 Jahren nur Kernarbeiten bis 15% des Immobilienwertes
- sb Jahr 4 nach Kauf größere Arbeiten beginnen
- falls im Privatvermögen gehalten, nach 10 Jahren steuerfreier Verkauf möglich

Vorteil
- Steigerung des Gewinnpotenzials

Nachteil
- höherer Zeit- und Finanzierungsaufwand

Nachfolgend nochmals im Detail
Wenn du dich bewusst auf ältere Objekte konzentriert, die lediglich renoviert werden müssen, musst du in den ersten drei Jahren nur Kernarbeiten ausführen. Du investierst in dieser Zeit dann maximal 15% des Immobilienwertes.

Das hört sich doch gut an, oder?

Ab dem Jahr vier kannst du mit größeren Arbeiten beginnen, wenn es der Objektaufwertung dient.

Behältst du das Objekt als Privatvermögen, kannst du es erst nach zehn Jahren steuerfrei verkaufen.

Schnäppchenstrategie

Übersicht

- Kauf von Schnäppchen, z. B. aus Bankenverwertungen, Firmensanierungen und Immobilienauktionen

- Weiterverkauf an Projektentwickler oder langfristige Investoren

Vorteile
- oftmals schnelle Gewinne möglich

Nachteile
- steuerlich fallen manchmal buchhalterisch hohe Gewinne an – schwer steuerlich optimierbar
- manchmal sehr kapitalintensiv, nicht so leicht mit Banken zu finanzieren wie Renditeobjekte
- manchmal versteckte Mängel bei extrem schnell abgewickelten Notverkäufen

Hier noch einige Details zur Abwicklung solcher Deals bzw. es stellt sich natürlich die Gretchenfrage, wie du derart verlockende Schnäppchen überhaupt ergattern kannst. Ich sage es dir: durch Beziehungen und Netzwerke.

Deshalb solltest du dich im Bereich der Firmensanierungen ebenso gut auskennen wie bei Bankenverwertungen, Immobilienauktionen, Zwangsversteigerungen oder Notverkäufen. Freunde dich mit Notaren an, streck deine Fühler zum Amtsgericht aus, kontaktiere Makler, Insolvenzmassenverwalter, die Sanierungsabteilung der Banken, Immobiliensachverständige, Finanzdienstleister und Finanzberater. Ich kenne Fälle, in denen ich sogar von Friseuren oder anderen alltäglichen Dienstleistern einen brandheißen Tipp bekommen habe.

Wie schon gesagt, kannst du auf diese Weise innerhalb weniger Monate attraktive Gewinnspannen realisieren.

Auf die 10-Jahres-Frist, was die Steuer angeht, habe ich ein paar Zeilen vorher schon hingewiesen, falls du als Privatmann/-frau gekauft hast. Das musst du einkalkulieren. Und gerade bei Notverkäufen musst du ganz besonders gut hinsehen, denn hier offenbaren sich versteckte Mängel in der Bausubstanz manchmal erst Wochen oder Monate später. Dann hast du Pech.

Objekt-Filetierung

Vorgehensweise/Zusammenfassung:

- es werden große Gewerbeobjekte oder Mehrfamilienhäuser optional auch manchmal Wohnblocks oder Bauland erworben
- dann in kleinere Einheiten geteilt, parifiziert und als separate Einheiten weiterverkauft
- der Verkauf erfolgt in der Regel an Endnutzer und Kleinanleger

Vorteil
- hohe Gewinne innerhalb von 1 bis 3 Jahren möglich

Nachteil
- extrem viel juristische Feinarbeit und Parifizierungskosten im Vorfeld.

Und jetzt noch einmal langsam im Detail

Hier kommern wir jetzt langsam zur hohen Schule in Sachen Immobilien, zur Filetierung von Objekten. Wenn du es dir zutraust, sofort großräumige Gewerbeobjekte oder Mehrfamilienhäuser, Wohnblocks oder Bauland zu erwerben, dann ist diese Strategie das Richtige für dich. Diese Immobilien kannst du anschließend in kleinere Einheiten unterteilen, die in der Summe dieser kleineren Teile deutlich mehr Rendite ergeben, als wenn du das Objekt im Ganzen unverändert weiterbewirtschaften würdest. Diese kleineren Filet-Teile können Wohnungen sein oder auch separate Häuser. Und du verkaufst sie in der Regel an Kleinanleger oder Endnutzer.

Auf diese Weise kannst du innerhalb von zwei bis drei Jahren relativ hohe Verdienste erwirtschaften.

Jedoch gibt es auch hier ein »Aber«: Du musst sehr viel in juristische Feinarbeit investieren. Sprich: Das schaffst du als Laie nie und nimmer. Hier musst du dich erstens juristisch weiterbilden und zweitens auf Jura-Experten zurückgreifen können, auf die du dich blind verlassen kannst. Bis du ausgerechnet in der Juristenbranche diese »treuen Seelen« gefunden hast, kann einige Zeit ins Bauland gegangen sein. Und wenn du Pech hast, hast du bis dahin sehr viel Lehrgeld bezahlt.

Die Kaufoption

Übersicht

- Kaufoptionen kosten häufig im Vorfeld Geld
- diese beinhalten immer das Recht, ein Objekt für einen bestimmen Preis innerhalb eines vorher definierten Zeitraums zu kaufen
- ideale Möglichkeit, ohne Zeitdruck die Finanzierung zu organisieren und für Käufer grundsätzlich Zeit zu gewinnen

Vorteile

- sofortige Kontrolle über das Objekt
- wenn die Schlüsselübergabe mit sofortiger Wirkung vereinbart wurde (in Kombination mit einem Mietvertrag mit Untervermietrecht – dieser wird gesondert ab Seite 178 behandelt), kann sofort mit der Untervermietung begonnen und die Vermietbarkeit geprüft werden – besonders interessant bei Ferienwohnungen
- überschaubares finanzielles Risiko

Nachteile

- Optionsgebühr geht bei Nichtausübung verloren
- in Deutschland gibt es nur wenige Notare mit Fachkenntnissen; in Österreich und Spanien ist Mietkauf üblicher als in Deutschland

ACHTUNG: NIE OHNE GRUNDBUCHLICHE ABSICHERUNG OPTIONSGELD BEZAHLEN!

Und hier gleich noch eine Sonderform

Miete mit Kaufoption in Kombination

Übersicht

- der Mieter kann sich innerhalb einer festgesetzten Frist entscheiden, entweder das Objekt zu erwerben oder Mieter zu bleiben
- auch hier sollte die Option grundbuchlich abgesichert sein
- der Kaufpreis sollte bei Abschluss fixiert sein
- meistens wird die Option finanziell abgegolten – je exklusiver das Objekt, desto teuerer kann die Option werden

Vorteile für den Vermieter

- Vermieter bleibt vorerst Eigentümer und hat für den Fall der Nichtausübung der Option zusätzliche Einnahmen
- je nach Art der Vereinbarung ggf. doppelte Rendite durch Mieteinnahmen und Optionsgeld
- manchmal ist diese Variante parallel mit hohen Umbau- und Sanierungsinvestitionen des Mieters verknüpft, deren Nutznießer der Vermieter ist, falls die Option nicht ausgenutzt wird
- Optionsgebühr bleibt dem Vermieter immer, sollte die Option nicht ausgeübt werden

Miete mit Kaufoption
- Mieter behandelt das Objekt wie sein Eigentum
- Mieter ist an pünktlicher Zahlung interessiert, um die Option nicht zu gefährden
- falls Option nicht genutzt werden kann, besteht die Möglichkeit der einvernehmlichen Verlängerung

Nachteil für den Vermieter
- eingeschränkte Handlungsfähigkeit während der Optionszeit

Hier noch einmal im Detail
Wenn du dich für eine Kaufoption entscheidest, bezahlst du eine Immobilie nicht sofort komplett. Vielmehr koppelst du die Option sehr oft mit einem Mietvertrag (nicht zwangsläufig, aber ich mache es meistens so). Du mietest das Objekt also zunächst, vereinbarst mit dem Eigentümer jedoch, dass du das Objekt innerhalb einer bestimmten Frist kaufen kannst und in dieser Zeit auch untervermieten darfst. Das ist besonders bei Ferienimmobilien interessant. Allerdings gibt es je nach Land hier eine Vielzahl anderer Punkte zu beachten, die ich dir in meinen Seminaren oder einem Einzelcoaching gern vermittle, die du aber unbedingt kennen solltest, bevor du loslegst.

Aber zurück zur Optionsvereinbarung. Bis nach Ablauf der Optionsfrist darf der Eigentümer das Objekt niemand anderem anbieten. Dafür aber kann sich der Vermieter sicher sein, dass du »sein« Objekt so schonend behandelst, als würde es bereits dir gehören. Außerdem wirst du ein

Interesse daran haben, die Miete pünktlich aufzubringen, wenn die Option mit einem Mietvertrag gekoppelt wurde.

Neben der eigentlichen Miete musst du für die Kaufoption an sich ebenfalls manchmal Geld aufwenden. Dafür sicherst du dir das Recht, das Objekt für einen vorab genau bestimmten Preis innerhalb eines bestimmten Zeitraums zu erwerben.

Deine Vorteile sind klar: Du steigerst deine Liquidität und holst Zeit für dich heraus. Im Idealfall werden deine vorab geleisteten Miet- und Optionszahlungen auf den späteren Kaufpreis angerechnet; du verlierst daher, wenn du gut verhandelt hast, kein Geld – sondern gewinnst.

Das Modell ist also genau richtig, wenn du zwar das ideale Objekt gefunden, zurzeit aber nicht genügend Geld zum Kauf zur Verfügung hast oder deine Liquidität nicht unnötig belasten willst. Auch interessant ist dieses Modell, wenn du sicher bist, in z. B. einem Jahr, aus einer Projektentwicklung mit Verkauf eines anderen Projektes Barmittel zu bekommen, die du dann wieder investieren musst. Du sparst dir also das Zwischendarlehen von der Bank und kannst das Geschäft trotzdem absichern, und zwar 1 bis 2 Jahre im Voraus.

Hier – wie in so gut wie allen Angelegenheiten, die Immobilien betreffen – ist die Absicherung im Grundbuch unverzichtbar. Dadurch bekommst du grundsätzlich die Kontrolle über das Objekt, kannst gegebenenfalls mit einer Untervermietung beginnen und die finanziellen Risiken überschauen. Ich will dich auch hier jedoch nicht über die Schattenseiten im Unklaren lassen, denn wenn du beispielsweise den Zeitraum für einen Kauf untätig ausklingen lässt, ist sowohl die Kaufoption weg als auch die Gebühr, die du vorher dafür aufgebracht hast.

In meinem Heimatland Österreich wird oft von dieser Möglichkeit Gebrauch gemacht. In Deutschland ist man leider noch nicht so weit. Entsprechend wenige Notare mit Fachkenntnissen kannst du hierzulande kontaktieren.

Die Umwidmungsstrategie
Übersicht

- du nutzt die Immobilie oder das Grundstück künftig für einen anderen Verwendungszweck, als diese bisher genutzt wurde
- oftmals ist damit die Umwidmung der Nutzung der Immobilie verbunden
- speziell, wenn du neue Ideen verfolgst, die dem Verkäufer unbekannt sind, gibt es hier oftmals ein starkes Wertsteigerungspotenzial

Beispiele für Umwidmungsstrategien aus meiner Praxis

- Umbau eines Bürogebäudes in Kleinwohnungen
- Umbau einer Gewerbeimmobilie in ein Seniorenwohnheim
- Umbau alter Lagerhallen zu modernen Wohnlofts mit angrenzenden Gärten
- Umbau einer alten Mühle zu einem Wohngebäude

- Erwerb von Ackerland und spätere Umwidmung in Bauland

Vorteile
- oftmals sehr hohe Gewinne möglich
- oftmals starke Renditesteigerungen realistisch

Nachteile
- viele bürokratische Hürden
- abhängig von diversen Genehmigungen behördlicher Art
- zeitlich kaum kalkulierbar
- Juristisch sehr komplex
- Altlastenthematik kann zu Problemen führen

Und hier noch einmal im Detail
Bei der Umwidmung nutzt du die Immobilie oder das Grundstück für einen ganz anderen Zweck als den, für den das Objekt bisher genutzt worden ist. Dazu musst du die Immobilie in der Regel umwidmen.

Ich selbst verfolge diese Strategie sehr gern. Habe ich doch die Erfahrung gemacht, dass Ideenreichtum den Geldreichtum nach sich zieht. Sprich: Eine alte Immobilie, die durch unerwartete und attraktive Innovationen aufgemöbelt worden ist, offenbart oftmals ein sehr hohes Wertsteigerungspotenzial.

Ich will es an der Stelle nicht bei der grauen Theorie belassen, sondern mache dir mit ein paar authentischen Beispielen den Mund wässrig.

Praxisbeispiele für Umwidmung im Detail

Ich habe beispielsweise ein Bürogebäude mit angeschlossenen 600-Quadratmeter-Lager zu kleinen Wohnungen umgewidmet, die dadurch deutlich mehr Rendite gebracht haben. Eine alte Mühle habe ich zu einem Wohngebäude umgebaut, das mir viel Rendite eingebracht hat, und dann verkauft. Ähnlich habe ich es mit einer ehemaligen Gewerbeimmobilie gemacht, die ich zu einem Seniorenwohnheim umgewidmet habe. Und nicht zu vergessen – mein »Lieblingsthema«: Ich bin in diesen Breiten als Pionier bekannt, der alte Lagerhallen zu Loftwohnungen umgebaut hat. Damit habe ich mit dieser Wohnform in Mitteleuropa Neuland betreten. Und ich habe es nicht bereut.

Wie gesagt, durch diese Umwidmung kannst du hohe Gewinne und starke Renditesteigerungen für dich verbuchen. Aber davor haben die Immobilien-Götter leider einigen Schweiß gesetzt, denn vorher musst du viele bürokratische Hürden überwinden. Du ahnst ja gar nicht, von wie vielen Behörden du wie viele Genehmigungen brauchst, bevor du überhaupt den ersten Bohrer ansetzen darfst. Deshalb kannst du solche Projekte zeitlich und finanziell nur schwer kalkulieren; von den juristischen Fallstricken ganz zu schweigen. Und wie das bei alten Immobilien nun mal so ist, kannst du auch hier auf die Nase fallen – wenn dir eine unvorhergesehene Altlast ein Bein stellt.

Paketentbündelung

Übersicht

- Immobilien werden als Pakete erworben und in einzelnen Teilen weiterverkauft – u.a. an andere Investoren

Vorteil
- oftmals rasche Gewinne möglich

Nachteil
- sehr oft kapitalintensiv

Hier noch einmal kurz im Detail

Es kann auch lohnenswert erscheinen, Immobilien gleich im Paket zu erwerben, dieses Gefüge anschließend »aufzudröseln« und in einzelnen Teilen weiterzuverkaufen. Beispielsweise an andere Investoren.

Zugegeben, diese Form ist sehr kapitalintensiv, aber dafür sind rasche und hohe Gewinne bei dieser Methode die Regel.

Die Bündelung

Übersicht

- einzelne Immobilien oder Grundstücke werden zu Paketen gebunden
- Eigentumswohnungen werden gebündelt oder mehrere Einfamilien- oder Mehrfamilienhäuser zu einem Hausportfolio

- anschließend wird das gesamte Paket an institutionelle Investoren verkauft.

Vorteile
- finanzkräftige Käufer – meistens sind das Stiftungen oder institutionelle Anleger
- gerade oftmals gegen Jahresende sind größere Deals mit kurzer Vorlaufzeit zu guten Konditionen möglich, wenn die andere Seite noch buchalterische oder bilanzielle Optimierungen vornhmen will.

Nachteil
- meistens geringere Gewinnspanne als bei Einzelverkäufen

Und hier noch einmal im Detail
Du kannst es natürlich auch genau andersherum machen als bei der Paketentbündelung, indem du einzelne Immobiliengrundstücke zu neuen Paketen bündelst.

Beispielsweise könntest du Eigentumswohnungen oder mehrere Mehrfamilienhäuser zu einem einzigen Hausportfolio zusammenfassen. Dieses Konvolut veräußerst du anschließend komplett an institutionelle Investoren.

Diese Methode empfiehlt sich, wenn du einen sehr finanzkräftigen Käufer findest. In der Regel stammt der aus dem Bereich institutioneller Anleger. Das kann zum Beispiel eine Stiftung sein.

Ich habe die Erfahrung gemacht, dass gerade gegen Jahresende mit solchen Interessenten größere Deals mit kurzer Vorlaufzeit möglich sind, die überdies durch gute Konditionen überzeugen.

Mantelstrategie

Übersicht

- ähnlich wie Miet- und Optionsstrategie
- der große Unterschied: Das Objekt wird auch juristisch gesehen am Beginn schon verkauft; der Verkäufer übernimmt die Rolle der Bank
- falls der Kaufpreis nicht vollständig bezahlt wird, geht das Objekt zurück an den Verkäufer
- dieser darf in diesem Fall den Initialbetrag/die Anzahlung behalten
- der Erwerber ist für alle Betriebskosten und Instandhaltungskosten voll verantwortlich

Nachteil für den Käufer
- bei unvollständiger Bezahlung verfällt Initialbetrag.

Nachteile für den Verkäufer
- der Verkäufer gibt die Kontrolle über das Objekt weitgehend ab
- der Verkäufer muss den Gewinn, den er am Papier gemacht, aber noch nicht realisiert hat, bereits versteuern
- erhöhte Steuern und Transaktionskosten

Hier im Detail

Schon weiter vorn habe ich dir von der Mietkauf-Option berichtet. Die Mantelstrategie funktioniert im Prinzip ähnlich, allerdings erwirbst du das Objekt juristisch gesehen bereits von Anfang an. Wobei du das Objekt diesmal nicht über eine klassische Bank finanzierst; diese Rolle übernimmt der Verkäufer selbst.

Diese Strategie ist natürlich nur dann machbar, wenn der Verkäufer finanziell entsprechend bemittelt ist. Als Käufer musst du wissen, dass du den Kaufpreis aufbringen musst; anderenfalls geht das Objekt zurück an den Verkäufer, der dann auch die bereits geleisteten Einzahlungen behalten darf. Umgekehrt bist du von Anfang an als Erwerber dafür verantwortlich, dass die Kosten für Betrieb und Instandhaltung beglichen werden.

Nachteile dieses Modells sind erhöhte Steuern und höhere Transaktionskosten. Der Verkäufer muss selbstverständlich in der Lage sein, den Gewinn, den er erst theoretisch gemacht hat, praktisch bereits ab sofort zu versteuern.

Mietkauf

- bei dieser Form benötigt man keine Finanzierung seitens der Bank
- finanziert wird de facto seitens des Verkäufers
- mit Bezahlung der LETZTEN MIETE geht das Objekt in das Eigentum des Mieters/Käufers über

- wird gern dann genommen, wenn der Mieter keinen Bankkredit bekommen würde oder sich damit nicht belasten möchte

Vorteile für den Mieter
- kann besonders bei gewerblichen Objekten für den Mietkäufer interessant sein, da er die Miete in den meisten Fällen von Anbeginn an voll absetzen kann (bitte unbedingt regionalspezifisch mit dem Steuerberater abklären)
- Mieter ist in der Regel an pünktlicher Bezahlung sehr interessiert, da sonst der Vertrag platzen könnte.

Vorteil für den Vermieter
- gute Möglichkeit, wenn der Käufer größere Investitionen plant, über gute Liquidität verfügt und die Investitionen dem Vermieter zufallen, falls der Mieter wider Erwarten vorzeitig auszieht.

Nachteile für den Vermieter
- mangelnde Handlungsfähigkeit während der Vermietungsdauer, solange die Mieten bedient werden.
- Restrisiko, dass der Verkaufsdeal vorzeitig platzt – mit dem Trostpflaster, dass dann die Investitionen seitens des Mieters dem Vermieter zufallen.
- die Mieteinnahmen müssen versteuert werden, und das zieht möglicherweise steuerliche Nachteile nach sich, wenn die Miete später in einen Kaufpreis umgewandelt wird.

- da sich die Rahmenbedingungen hier von Fall zu Fall und Land regional immer wieder ändern und die Thematik steuerlich unterschiedlich gehandhabt wird, bitte im Vorfeld mit dem Steuerberater die optimale Lösung abklären!

Mehr Details rund um das Thema Mietkauf findest du im vorangegangenen Kapitel 19 dieses Buches ab Seite 156 und auf meinem Blog http://www.immobilientycoon.tv

Privates Bieterverfahren
Übersicht

- mehrere Interessenten/Bieter bieten zeitgleich zu einem Objekt – in der Regel schriftlich
- zeitlich begrenztes Verfahren (gut geeignet, wenn Zeitdruck für den Verkauf besteht)
- kann mit oder ohne Makler durchgeführt werden

Eigenheiten des privaten Bieterverfahrens
- ein privates Bieterverfahren ist keine Auktion und keine Versteigerung
- es gibt normalerweise keine Gebotsuntergrenze
- es muss aber kein Angebot vom Verkäufer akzeptiert werden
- das Verfahren kann auch nur benutzt werden, um einen realistischen Kaufpreis zu ermitteln.

Chronologische Vorgehensweise in Stichworten

- Exposé-Erstellung
- Inserate-Schaltungen mit Hinweis aufs Bieterverfahren – möglichst wöchentlich – breite Streuung
- eventuell Kooperation mit sozialen Organisationen – Teil des Kaufpreises (mindestens 10 bis 20% spenden bei dieser Variante)
- Besichtigungstermine fixieren – am besten alle Kunden binnen weniger Stunden am gleichen Tag/ ca. 6 bis 7 Wochen im Voraus
- wenn zu viele Anfragen, max. verteilt auf 2 bis 3 Tage besichtigen (Es gilt: Konkurrenz belebt das Geschäft)
- Teilnehmerliste erstellen
- mit Besichtigungstermin beginnt Nachfrist
- max. 1 bis 2 Termine für Nachbesichtgiungen einräumen
- vorgefertigte Formulare für Gebotsabgaben
- Gebotsfristen, inklusive Datum und Uhrzeit fixieren
- am Ende der Gebotsfrist kann das beste Angebot angenommen oder nachverhandelt werden
- bei Einigung, Notartermin und Absage der anderen Teilnehmer

Und jetzt noch einmal im Detail

Hier offenbare ich dir einen Geheimtipp, der speziell dann seine Wirkung nicht verfehlt, wenn es um Luxusimmobilien geht. Ich rede vom privaten Bieterverfahren.

Das private Bieterverfahren kombiniert das Beste aus dem Bereich Auktionen und Versteigerung, ohne rechtlich überhaupt etwas mit beiden zu tun zu haben und somit die Nachteile ausschließt. Praktisch, nicht wahr?

So ein Bieterverfahren eignet sich zum einen, um für eine außergewöhnlich gute, ja sogar luxuriöse Immobilie einen realistischen Marktwert zu ermitteln. Zum anderen kannst du den Verkaufspreis in die Höhe treiben – durch, sagen wir mal salopp, Psychotricks.

Neugierig?

Nun, eines ist klar: Sobald eine echte Luxusimmobilie den Besitzer wechseln soll, ruft das naturgemäß Interessenten auf den Plan, die in aller Regel etwas mehr auf der hohen Kante haben. Und die zugleich nicht nur in den klassischen kaufmännischen Gefilden denken.

Wenn du also zu einem privaten Bieterverfahren mit dem Hinweis einlädst, dass du beispielsweise 10% des erzielten Kaufpreises der Caritas spenden willst, bringt dir das erfahrungsgemäß mehr Bieter, weil der gute Zweck hier eine sehr gute Werbewirkung entfaltet. Und zwar auch für die Bieter, versteht sich. Wenn du das ganze Verfahren zudem als »Society Event« aufziehst, dürfte das seine Wirkung ebenfalls nicht verfehlen.

Obwohl, wie gesagt, so ein privates Bieterverfahren rein rechtlich weder als Auktion noch als Versteigerung eingeordnet wird, können mehrere Interessenten gleichzeitig auf dein Objekt bieten. Wenn du das ganze Verfahren zeitlich begrenzt, werden die Ergebnisse oftmals reizvoller. Jeder Marketer weiß das: Sobald ein attraktives und rares Angebot verknappt wird, wird ein höherer Preis dafür klaglos akzeptiert.

Apropos: Obwohl es keine Gebotsuntergrenze gibt, muss der Verkäufer letzten Endes keinerlei Angebote akzeptieren; es gibt keinen Verkaufszwang.

Klingt das interessant für dich? Dann solltest du jetzt mit der Exposé-Erstellung beginnen und anschließend offline und online Inserate schalten. Wichtig ist der Hinweis »Bieterverfahren«. Je breiter du die Inserate streust und je öfter du sie schaltest, desto höher fällt der Widerhall aus. Erst recht, wenn du mit einer sozialen Organisation zusammenarbeitest und ankündigst, einen Teil des Kaufpreises zu spenden.

Anschließend legst du einen Besichtigungstermin fest, zu dem du maximal neun Wochen im Voraus (ideal sind sechs) alle möglichen Bieter einsetzt. Dieser Besichtigungstermin sollte nur einen Tag umfassen; nur bei sehr vielen Anfragen solltest du zwei oder drei Termine innerhalb von höchstens 21 Tagen ansetzen. Wenn alle Besichtigungstermine erledigt sind, beginnt die Nachfrist.

Beim Besichtigungstermin selbst verteilst du vorgefertigte Formulare für die Gebotsabgabe. Du bist auf der sicheren Seite, wenn du für diesen Schritt nur die schriftliche Form zulässt; allenfalls können Gebote noch per E-Mail abgegeben werden. Lege aber unbedingt eine exakte Gebotsfrist fest, einschließlich Datum und Uhrzeit. Ist diese Frist abgelaufen, kannst du das beste Gebot annehmen – du musst es aber nicht. Und wenn, eventuell nach einer Nachverhandlung, alles zu deiner Zufriedenheit ausgefallen ist, kannst du den Notartermin vereinbaren und den anderen Teilnehmern absagen.

Aus persönlicher Erfahrung kann ich sagen, dass dieses Verfahren extrem gut geeignet ist, um hoch- und höherwertige Immobilien schnell und rentabel zu veräußern. Und du kannst das auch ohne Makler über die Bühne bringen.

Fazit

Da in Deutschland der durchschnittliche Immobilienverkauf über Makler 10 bis 12 Monate dauert (bei Privatverkäufern in Eigenregie übrigens nur 6 bis 7 Monate), kann das private Bieterverfahren eine Möglichkeit sein, den Verkauf zu beschleunigen oder den genauen Marktpreis in Erfahrung zu bringen.

Zusammenfassung der Aufwertungsoptionen

- Lage
- Alter
- Vermietbarkeit
- Entwicklungsmöglichkeiten
- Flächen (Größe, Lage, Zustand ...)
- Bausubstanz
- Umfeld
- Vorhandensein und Zustand der Möblierung
- Kaufpreis je Quadratmeter
- Mietrendite

Wirf danach einen kritischen Blick auf die Aufwertungsoptionen, die dir nach einem Kauf bleiben ...

- Sanierung
- Renovierung
- Aufteilung in mehrere Einheiten
- Erweiterung der Nutzflächen
- Grundstücksabtrennung
- Umnutzung und Umwidmung
- Erhöhung der Nutzwerte
- Neuvermietung
- Mietanpassung
- verdeckte Aufwertung der Makrolage (Stadt, Bundesland ...)
- verdeckte Aufwertung der Mesolage (Zentrum, Speckgürtel ...)
- verdeckte Aufwertung der Mikrolage (Infrastruktur, Verkehrsanbindung ...)

22
Bloß nicht mit den Banken zanken

So sicherst du dir klassische Finanzierungsmöglichkeiten

Was glaubst du: Woran scheitern Immobilienprojekte in aller Regel?

Am Geld. Oder genauer: am FEHLENDEN Geld.

Und warum fehlt es in aller Regel an den nötigen finanziellen Mitteln?

Weil die Banken nicht mitmachen. Oder ein anderer Finanzierungspartner, den du dir ausgesucht hast.

Und warum ziehen Banken oder andere Finanzierungspartner nicht mit?

Weil die Vorbereitung nicht stimmt. DEINE Vorbereitung wohlgemerkt.

Eine TV-Werbekampagne für einen Kaffeepad-Automaten warb mit dem netten Slogan: »Entdecke deine spontane Seite!«

Hübsch, oder? Nun, das ist schön und gut, wenn es um Kaffeepads und deren Zubereitung geht. Aber das ist tödlich, wenn du mit dieser geistigen Einstellung eine Immobilienfinanzierung unter Dach und Fach bringen willst.

Egal, wie deine ganz persönliche Traumimmobilie aussieht, ob sie im Luxussegment angesiedelt ist, Teil eines Gewerbeparks ist oder ein relativ schmuckloses Mehrfamilienhaus ...

Das Konzept muss hieb- und stichfest sein – und das spätestens sechs Monate vor dem ersten Bankgespräch!

Wenn ich mich mit verhinderten Investoren unterhalte und nach den Gründen erkundige, warum deren Pläne auf dem Müllhaufen gelandet sind, kommt früher oder später dieser Punkt aufs Tapet: Die Vorbereitung hat nicht gestimmt. So einfach ist das. Und unter Vorbereitung meine ich beileibe nicht allein Daten, Zahlen und Fakten.

Obwohl die Sympathiewerte für diese Berufsgruppe inzwischen kaum über Teppichflorhöhe hinauskommen, möchte ich doch an die zumindest hin und wieder zutreffende Tatsache erinnern, dass sogar Banker nur Menschen sind. Und wie jeder Mensch, möchten die Damen und Herren in den Nadelstreifenanzügen oder Designer-DOBs emotional von dir überzeugt sein. Speziell diese Leute müssen spüren, dass du, der potenzielle Investor, auf emotionaler Ebene das Zeug hast, dieses Projekt zu stemmen.

Gerade dieser Punkt wird sehr oft vergessen. Emotionale Stärke? Was macht die schon aus?

Alles. Das kann ich dir aus Erfahrung versichern.

Deshalb schärfe ich dir ein: Mach dir im Vorfeld ausführliche Gedanken über das neue Objekt! Du musst so gut wie jedes Detail felsenfest vor deinem geistigen Auge erkennen können. Deine Fantasie muss gewissermaßen auf HD geschaltet und derart brennend intensiv sein, als würdest du »live« in dem Objekt wohnen oder es jener Nutzung zuführen, die du ihm zugedacht hast. Du musst dir das Ganze als bereits verwirklicht vorstellen.

Und nein, das hat nichts mit Esoterik zu tun. Das ist das solide Handwerk des geistigen Überzeugens.

Kurzum: Dann und nur dann versprühst du derart viel Überzeugungskraft, dass du die Entscheider in Banken mitziehen kannst. Sinngemäß gilt das für andere Investoren nicht minder.

Welche Fehler kannst du sonst noch machen?

Wenn der Businessplan Mängel aufweist oder die Risikoanalyse fehlt, kannst du deine Pläne in aller Regel gleich in den Kamin schreiben. Dasselbe gilt, wenn die Unterlagen zu dir und deinen beruflichen, geschäftlichen, wirtschaftlichen und finanziellen Verhältnissen nicht intensiv genug ausgeführt sind. Du musst Glaubwürdigkeit vermitteln und belegen. Dazu gehört, dass du bei einer Projektfinanzierung die Rentabilität plausibel nachweisen kannst.

Ganz wichtig: Du musst überzeugend darlegen können, wie du reagierst, sollte etwas schiefgehen. Das nennt man Notfallplan oder auch Exit-Strategie, und dieser Posten ist für Investoren und Bank-Entscheider gleichermaßen unverzichtbar.

Apropos: Wenn deine Immobilie ein Abverkaufsmodell ist, kannst du dich – speziell bei Bauträgerprojekten – bis zu drei Jahre nach Fertigstellung von den Rückzahlungen freistellen lassen. In dieser Zeit musst du dann nur die Zinsen bedienen.

23
Liebe deine Immobilien – mit Leib und Seele!

An dieser Stelle gebe ich dir einen Ratschlag, der beim ersten Lesen vielleicht gar nicht so bodenständig und kühlköpfig klingt, wie man das von einem gewinnorientierten Immobilieninvestor wie mir erwarten würde.

Klar, wenn man sich mit Immobilien befasst, drängen sich steril wirkende, staubtrockene oder zumindest ziemlich handfest erscheinende Themen auf die Agenda: Renditeerwartungen etwa, Businesspläne oder Finanzierungskonditionen.

Aber reicht die Beschäftigung allein damit, um in unserem Geschäft wirklich gut zu werden? Ach, was sage ich da: einer der Besten? Also derart gut, dass dir Entscheidungen und Routinen wie im Schlaf von der Hand gehen? Dass du also voll und ganz in dem aufgehst, was du tust?

Nein, das reicht nicht.

Ich kann dir natürlich nichts vorschreiben. Ich will dich lediglich an meinen persönlichen Erfahrungen teilhaben lassen. Und da ich meinen Lebensweg nicht erst seit gestern beschreite, verrate ich dir einfach schon mal mein vorläufiges Lebensfazit (obwohl ich noch verdammt viel vorhabe) ...

Immobilien und Persönlichkeit sind eng miteinander verflochten.

Gebäude führen ihr eigenes Leben, findest du nicht auch? Und dieses Leben währt in aller Regel länger als das von uns Menschen. Denk nur mal an das Kolosseum in Rom – sein Dasein bemisst sich in Jahrtausenden. Wahnsinn, oder?

Wusstest du übrigens, dass die allermeisten der fantastischen Bauwerke, die uns das Römische Imperium hinterlassen hat, aus waschechtem, extrem belastbarem Beton bestehen? Richtig gelesen: Beton!

Ja, sowas kannten die Römer schon vor zweitausend Jahren.

Und weil die Baumeister der Antike dabei konsequent auf Stahlbewehrungen verzichtet haben, haben die imponierenden Zeugnisse ihrer Baukunst bis heute Bestand – trotz Wind, Wetter und vor allem Regen. Jeder, der sich in der Baubranche etwas auskennt, weiß genau, dass Stahl innerhalb von Betonkonstruktionen spätestens nach einigen Jahrzehnten zu rosten beginnt. Weswegen unsere hochgelobten modernen Bauwerke mit Sicherheit keine Jahrtausende überleben werden.

Zurück zum Thema ...

Aber auch der Eiffelturm oder das Schloss Schönbrunn zum Beispiel strahlen eine springlebendige Persönlichkeit aus, die mich jedes Mal aufs Neue fasziniert. Das sind nicht nur Bauwerke; das sind nicht nur Mörtel, Mauerwerk, Stahl und Glas.

Nein, das sind eigene Charaktere!

Behandle daher die »Persönlichkeit Immobilie« mit deiner ganzen persönlichen Hingabe!

Jeder Mensch hat eine Mission im Leben. Mindestens. Ich habe sogar zwei: Ich will möglichst vielen Menschen dabei helfen, ihre Persönlichkeit zu festigen, sie auszubauen, ihr Potenzial abzurufen und ihre Lebensmission zu finden. Sodass sie Erfolge zeitigen, an die sie noch vor Kurzem im Traum nicht gedacht hätten.

Und meine zweite Mission sind: Immobilien. Was sonst?

Auch du wirst deine ganz eigene Mission verfolgen. Aber so unterschiedlich sich die Lebensaufgaben einzelner Menschen auch präsentieren mögen, sie weisen eine entscheidende Gemeinsamkeit auf: Wenn man einer Mission mit Haut und Haar und Leib und Seele folgt, setzt das weitaus mehr voraus, als einfach nur irgendeine Aufgabe leidenschaftslos abzuspulen.

Eine Mission verlangt vielmehr eine Extrakelle voller Liebe für das, was du gerade tust. Weiterhin darfst du dich dabei nie dauerhaft von Rückschlägen niederstrecken lassen, übermäßig zögern oder zu viel Zeit in Dinge stecken, die mit deiner Mission nichts zu tun haben. Ganz nach Meat Loaf: »I would do anything for love!«

Der unvergessene Steve Jobs, jahrzehntelang Spiritus rector bei Apple, verfolgte ebenfalls seine Mission: verbissen, fanatisch, verzehrend. Für viele Menschen war und ist er deshalb ein Vorbild. Auch für mich. Nun, vielleicht nicht unbedingt darin, wie ruppig er mit Frauen, Mitarbeitern oder Freunden umgesprungen ist, weiß Gott nicht. Nobody's perfect.

Aber wie er für seine Ideen und Überzeugungen gebrannt hat – wow! Bei den vielen Scheiben, die ich mir in dieser Hinsicht von Steve Jobs abschneiden möchte, würden etliche Messer stumpf.

Steve Jobs' Überzeugungen – und was du als Immobilieninvestor davon übernehmen kannst ... solltest ... musst!

Jobs hielt einmal eine Rede vor Studenten, die gerade ihr Studium abgeschlossen hatten. Und wenn diese Hörsaal-Klugen den Inhalt seines Vortrags ebenso begeistert aufgesogen haben wie ich, dürften sie in diesen wenigen Minuten unendlich viel mehr gelernt haben als in zehn Semestern Studium.

»Mach das im Leben, was du wirklich liebst!«, riet Steve Jobs beispielsweise seinen Zuhörern. »Denn wenn du deine Energien verwendest für etwas, das du nicht liebst, wirst du niemals dauerhaft und langfristig erfolgreich sein können.«

Merke: Lerne, an das Thema Immobilieninvestment als Einnahmequelle nicht zu kopflastig heranzugehen. Du musst mit Immobilieninvestments eine brandheiße Liebesaffäre eingehen. Mach es zu deiner Herzensangelegenheit. Das meine ich todernst!

Weiterhin erkannte Steve Jobs: »Manchmal stecken wir in Problemen fest oder geraten in eine Krise. Stecken wir mittendrin, erkennen wir beim besten Willen nicht, wofür die Situation gut sein soll. Im Nachhinein fügen sich die Dinge dann oft, alles klärt sich, und wir erkennen den höheren Sinn. Wenn ich nicht bei Apple gefeuert worden wäre, hätte ich weder meine neue Firma NEXT noch die PIXAR-Studios aufbauen können.«

Merke: Es gibt keine Krisen – es gibt nur unerwartete Entwicklungschancen.

Schon der Volksmund weiß, dass man mit seinen Aufgaben wächst. Adler steigen ausschließlich bei Gegenwind auf, und Muskeln kräftigen sich einzig und allein durch Widerstand. Natürlich gebietet es die Höflichkeit, dass ich dir wünsche, bei deinem Investment möge immer alles glattgehen. Aber da ich die Hand dafür ins Feuer legen kann, dass das ein frommer Wunsch bleibt, solltest du wissen: Du wirst aus all dem Unvorhergesehenen, das man gemeinhin als Krise abkanzelt, gewaltigen Lern-Nutzen ziehen.

Und noch ein wertvoller Rat aus dem Munde von Steve Jobs: »Eure Zeit ist begrenzt. Deshalb: Verschwendet sie nicht!«

Merke: Auch beim Immobilieninvestment musst du das Eisen schmieden, solange es heiß ist.

Natürlich geht es immer um viel Geld, um sehr viel Geld sogar, und du wärst ein Narr, wenn du in dieser Phase ausschließlich in Sekundenbruchteilen eine Entscheidung träfest. Aber diese Selbstverständlichkeit ist kein Freibrief dafür, »ewig lange« über gewissen Entscheidungen zu brüten. Da, wie ich es nenne, »unerwartete Entwicklungen« so oder so auftreten werden, bilden sich noch so akkurate Zukunftsprojektionen die später tatsächlich eintretenden Ereignisse nicht wirklich zu 100% ab. Du musst, du solltest und, ja, du darfst aus diesem Grund sehr vieles mit dem Bauch entscheiden. Aber auch dein Bauch kann dazulernen, und die perfekte Lehrmeisterin ist die Liebe zu dem, was du tust. Also, liebe deine Immobilien und deine Immobilieninvestments – und deine Quote guter Entscheidungen wird unweigerlich steigen!

Raus mit der Sprache: Deshalb liebe ich Immobilien ...

- weil Immobilien mit der Zeit einen eigenen, fühlbaren Charakter ausprägen. Hier sind reale Energien spürbar, und im Idealfall sind diese Energien höchst positiv. (Es gibt auch Immobilien mit negativer Energie. Deshalb ist ja im Horror-Genre das Thema »Böses, altes Haus entwickelt ein Eigenleben und bringt nach und nach die neuen Bewohner um« so beliebt ... wenn auch überzogen, ab und zu ;-)
- Immobilien zu etwas Schönerem, Neueren, Besseren entwickeln – das hat extrem viel Kreatives an sich. Dieser Prozess bringt meine Seele zum Singen.
- Immobilien vermieten mit positiven Cashflow: Das ist eine der sichersten Methoden, das eigene Vermögen zu vermehren – auf legale Weise.
- Immobilien zu verkaufen ist einer der schönsten Arten, einen Deal zu machen – I love it!
- und Immobilien günstig einzukaufen – dieses Triumphgefühl ist kaum zu toppen.

24
Vater Staat wohnt immer mit

Von Steuern, Finanzämtern und anderen ungeliebten Überraschungen – wenn du diese nicht vorher einkalkulierst

In den Fünfzigerjahren eroberte ein typisch deutscher Comicstrip die noch junge Bundesrepublik: »Nick Knatterton«. Der eine oder andere erinnert sich mit einem Schmunzeln.

Dieses Kerlchen war als Parodie gedacht und wirkte wie eine Kreuzung aus teutonischem James Bond und einem nassforschen Postbeamten. Immer wieder stellte dieser Superdetektiv unmissverständlich klar, dass er, Nick, vor nichts und niemandem auf der Welt Angst hätte. Vor absolut gar nichts.

Außer vor dem Finanzamt.

Womit bewiesen wäre, dass diese Institution in Sachen Beliebtheitssteigerung schon seit ewigen Zeiten geraumen Nachholbedarf vor sich her schiebt. Jeder, der in unseren Breiten unternehmerisch tätig ist, hat zu tun mit dem Thema Steuern – sieh es einmal als deinen Beitrag zur Straßenmitbenutzung, den es aber legal zu optimieren gilt. Auch als Immobilieninvestor musst du immer ein Auge darauf haben, was steuerlich nach einem »guten Deal« auf dich zukommen könnte. Deshalb gebe ich dir eine …

Übersicht, was du in Sachen Steuern einkalkulieren solltest

Angenommen, du verkaufst deine Immobilie nach sieben Jahren für 520.000 €. Der Buchwert beträgt 347.500 €, wodurch sich ein Verkaufsgewinn von 172.500 € ergibt. Gehen wir weiterhin davon aus, dass du in diesen Jahren insgesamt 45.000 € für Umbauten investiert hast, ergibt das einen Netto-Verkaufsgewinn von 127.500 €.

Leider kannst du die nicht in voller Höhe für dich verbuchen, sondern musst hier mehr oder minder brüderlich teilen. Immerhin 44,31% Gewinnversteuerung fallen an, worin der Solidaritätszuschlag bereits inbegriffen ist. Oder anders geklagt: Der deutsche Höchststeuersatz hat dich hier voll am Wickel, und du genießt die zweifelhafte Freude, dem Finanzamt 56.495,25 € zu überweisen – jedenfalls, wenn du als Privatmann am Werken bist.

Das ist ärgerlich, und immer mehr Immobilieninvestoren fragen mich, ob sich zumindest die Grunderwerbssteuer verringern lässt. Und ja, das geht.

Beispielsweise kannst du im Kaufvertrag Zubehör extra angeben und in einem eigenen Vertrag darlegen: Rasenmäher fallen ebenso darunter wie Schwimmbadsauger, Gartenmöbel, die Möblierung im Haus, Schränke, Heizölvorräte usw.

Weiterhin kannst du Herstellungskosten steuermindernd angeben. Das kann zum Beispiel die Erweiterung der Wohnfläche sein, indem du zusätzliche Räume schaffst oder den Balkon ausbaust. Auch eine Nutzenumwandlung, beispielsweise von einer Gaststätte in Wohnräume, kann deine Steuerlast ändern.

Das Finanzamt schaut zudem ganz genau hin, wenn wesentliche Verbesserungen an der Gebäudesubstanz eintreten. Solltest du also eine unbewohnbare Immobilie in ein bewohnbares Gebäude oder in eine bewohnbare Wohnung umwandeln, dürftest du rasch Post vom Amt bekommen.

Steuerschädlich wirkt es sich für dich aus, wenn mindestens drei der folgenden vier Gewerke einer Standarderhöhung unterzogen worden sind: Heizung, Elektro, Sanitär oder Fenster.

Diese Gewerke werden vom Finanzamt in drei Standards unterteilt: »Sehr einfach« (das entspräche einem Kohleofen oder ganz einfachen Fenstern), »Mittel« und »Sehr anspruchsvoll« (das ist zum Beispiel bei einer Luxusausstattung der Fall).

Wie auch immer: Eines der wichtigsten Werkzeuge für dich als Immobilieninvestor ist ein guter Fotoapparat. Zumindest die Foto-Funktion an deinem Handy sollte tadellos in Schuss sein, denn du musst dem Finanzamt dokumentieren können, wie sich der Zustand einer Wohnung vor deren Umbau optisch dargestellt hat. Fotos eignen sich dafür ideal.

Und noch etwas musst du beachten: Verschiedene Umbaumaßnahmen an einer einzelnen Immobilie, die innerhalb eines Zeitraums von fünf Jahren stattfinden, werden vom Finanzamt stets wie eine einzige, zusammenhängende Maßnahme behandelt.

Das Amt definiert überdies ganz genau, was als anschaffungsnaher Aufwand ab Erwerb gilt, und benennt als Höchstgrenze 15% des Gebäudewerts, zuzüglich Mehrwertsteuer. Deshalb solltest du später vermeiden, mindestens drei der vier eben genannten Gewerke innerhalb von fünf Jahren qualitativ zu erhöhen.

Noch ein Tipp: Wenn du eine Immobilieninvestition getätigt hast, kannst du ab dem vierten Jahr über Werbungskosten eine sofortige Rückerstattung bekommen, sofern die Immobilie im Privatbesitz gehalten worden ist. Und Werbungskosten fallen für dich als Investor massenhaft an, denn darunter firmieren alle Ausgaben, die du tätigst, um weitere Einkünfte zu erzielen. Du machst beispielsweise ein Seminar mit, um dich als Investor weiterzubilden? Werbungskosten! Du nimmst entsprechende Beratungen oder Coachings in Anspruch? Werbungskosten! Du willst eine Immobilie besichtigen und investierst dafür in Flüge, Taxifahrten und Hotels? Werbungskosten! In diesem Bereich solltest du aber deiner Dokumentationspflicht sehr genau nachkommen.

Abgesehen davon: Wenn du dich an den Beginn dieses Buches erinnerst, empfehle ich, beim Thema Immobilien als GmbH tätig zu werden – dann sind die Gestaltungsmöglichkeiten auch andere. Besprich die Sache mit deinem Steuerberater, oder stelle bei meinem Immobilienseminar sämtliche rechtliche und steuerlichen Fragen meinen Experten, die ich zu diesen Themen mit eingebunden habe.

Und um abschließend noch einmal auf Nick Knatterton zurückzukommen: Kombiniere! Du brauchst einen sehr, sehr guten Steuerberater. Das ist womöglich der beste Tipp von allen. Und den kannst du in meinem Netzwerk gern kennenlernen.

25
Trau, schau, wem
Augen auf bei Hausverwaltern, Mietern und Mietnomaden

Eigentlich willst du ja unter die Immobilieninvestoren gehen, um Geld zu verdienen. Völlig klar.

Allerdings musst du berücksichtigen, dass Liegenschaften Geld kosten können. Es gibt einiges, für das du als Immobilieneigentümer zur Kasse gebeten wirst. Halbwegs freiwillig (im Zuge von Eigentümerversammlungen und deren Beschlüssen). Oder unfreiwillig (wenn du Mietnomaden aufsitzt).

Wenn du beispielsweise ein Mehrfamilienhaus erwirbst, geht ein Teil der Mieteinnahmen für die Hausverwaltung ab.

Was macht so eine Hausverwaltung eigentlich?

Diese hilfreichen Geister nehmen dir eine Menge ab, und dabei rede ich jetzt nicht vom Geld.

Diese Mitarbeiter kontrollieren beispielsweise deine Mieteingänge, setzen gegebenenfalls das Mahnwesen in Gang und leiten notfalls Kündigungen ein. Sie veranlassen Reparaturen, führen Gespräche mit Handwerkern, suchen Nachmieter, koordinieren Mieterwechsel und beaufsichtigen die Wohnungsübergabe. Die Betriebskostenabrechnung erledigen sie für dich, bevor sie dich erledigt, und sie kümmern sich um die Organisation der Eigentümerversammlung: inklusive Protokoll und Kontrolle der Vereinbarungen. Die Vorbereitung für die Buchhaltung, das Ablesen der Zähler und die Organisation von Instandhaltungstätigkeiten, Schneeräumung, Reinigung et cetera fallen ebenfalls in ihr Aufgabengebiet.

Betreffen dich eigentlich Mieter- oder Eigentümerversammlungen?

Und wie sie das tun!

Gerade, wenn du »klein« anfängst (so wie ich damals) und in einem Mehrfamilienhaus eine bescheidene Eigentumswohnung erwirbst, wirst du öfter mit diesen Versammlungen und speziell ihren Auswirkungen zu tun haben, als dir lieb ist. Denn bei diesen Zusammenkünften wird mittels Mehrheitsbeschluss über bauliche Maßnahmen und andere Veränderungen abgestimmt. Und das betrifft immer auch dein Portemonnaie.

Du wirst zur Kasse gebeten, wenn die Versammlung beschließt, dass der Fahrstuhl erneuert wird. Da nutzt es dir nichts, dass deine Wohnung im Erdgeschoss liegt. Mitgefangen, mitgehangen!

Ich rede hier gar nicht um den heißen Brei herum, sondern eröffne dir klipp und klar: Obwohl du Wohnungseigentümer bist, kann deine Handlungsfreiheit durch solch einen Gemeinschaftsbeschluss beeinträchtigt werden. Damit musst du leben – und für solche Querschüsse immer finanzielle Rücklagen beiseite legen.

Mietersuche: Nichts leichter als das?

Gute Mieter können dir als Immobilieninvestor ein angenehmes Leben verschaffen; schlechte Mieter können es dir zur Hölle machen. Das ist Tatsache.

Wenn du nicht gerade eine Hausverwaltung mit der Mietersuche beauftragt hast, kannst du sie selbst aufstöbern: durch Mundpropaganda, Inserate in Tageszeitungen, Fachmedien oder im Internet, durch Plakate am Gebäude oder Postwurfsendungen in der Umgebung. Auch Makler bieten sich für die Suche an.

Wenn es anschließend Zwist zwischen beiden Parteien gibt, ist nicht selten die Miethöhe daran schuld. Klar, es gibt meistens einen Mietspiegel, aber der ist nichts mehr als ein Anhaltspunkt. Bietest du beispielsweise eine Wohnung mit einer deutlich höherwertigeren Ausstattung als in der Nachbarschaft an, bildet der Mietspiegel nicht deine spezifische Wirklichkeit ab.

Dasselbe gilt für Neuvermietungen. Und hier schlägt sich die Rechtsprechung sogar auf deine Seite, denn wenn du für so eine neue, höherwertige Wohnung einen höheren Preis forderst, gilt das als legitim.

Und ja – da gibt es noch das Thema namens Mietnomaden. Ein höchst unschönes Thema. Es gibt Bücher darüber, die dir zeigen, wie du dich vor ihnen schützen kannst. An dieser Stelle kann ich dir nur einen groben Überblick darüber vermitteln, wie du dir diese Strolche am besten vom Hals hält.

Wenn du beispielsweise das erste Mal mit einem potenziellen Mieter telefonierst, solltest du genau hinhören: Gibt er dir bereitwillig über sich Auskunft? Oder will er ganz, ganz, ganz schnell einen Besichtigungstermin aushandeln? Diese verdächtige Eile ist nämlich typisch für Mietnomaden. Ich empfehle – ähnlich, wie es Brian Tracy für ein Einstellungsgespräch empfiehlt – Gründe zu finden, um dich mehrmals mit dem potenziellen Mieter zu treffen: nicht unter 3-mal, besser 4- bis 5-mal. Frag dabei auch vorsichtig nach, ob es möglich wäre, von einem früheren Vermieter eine Empfehlung zu bekommen. Je nachdem, wie sich der Gesichtsausdruck deines Gegenübers dann rasch verändert, hat der Lügendedektor für dich gearbeitet, und du kannst dann noch immer entscheiden, ob du diese brauchst oder es nur als Test benutzt hast.

Wenn du ganz sicher gehen willst, suchst du deinen Aspiranten in seiner jetzigen Wohnung auf. Dann siehst du mit eigenen Augen, wie er mit fremdem Wohneigentum umzugehen pflegt.

Unverzichtbar ist aber immer die Selbstauskunft. Hier solltest du dir die Mühe machen, die Angaben zur Person, zu finanziellen und familiären Verhältnissen oder zu einer etwaigen eidesstattlichen Versicherung nicht vom potenziellen Mieter ausfüllen zu lassen, sondern das selbst zu tun. Du kannst dir dann beispielsweise kurzzeitig den Personalausweis aushändigen lassen und die Daten eigenhändig abschreiben. Diese Maßnahme schützt dich davor, dass dich ein potenzieller Mietnomade durch aus der Luft gegriffene Personalangaben hinters Licht führt.

Glaub mir, das ist alles schon vorgekommen.

Das Gleiche rate ich dir bei der Schufa-Auskunft. Und wenn du ganz sichergehen willst, lässt du es nicht mit einer Bescheinigung des Vorvermieters bewenden, sondern rufst direkt bei ihm an. Am besten zusätzlich bei seinem Arbeitgeber, damit du sichergehen kannst, dass hinter einer imponierenden Berufsbezeichnung wirklich etwas Substanzielles steckt. Nicht jeder, der »bei der Zeitung arbeitet«, macht das in der Position des Chefredakteurs. Es kann sein, dass er dort nach Feierabend die Redaktionsschreibtische abstaubt.

Vergiss bitte bei alledem nicht, dass der potenzielle Mieter von dir ebenfalls einen Ausweis verlangen kann – den Energieausweis nämlich. Und so, wie der Mieter bei den wirklich relevanten Dingen gesetzlich verpflichtet ist, die Wahrheit zu sagen, so darfst auch du nicht schummeln, wenn es um die zu erwartenden Nebenkosten geht.

Kommen wir noch zu einer ganz heißen Kiste, der Sache mit der Kaution. Leichtsinn hat an dieser Stelle schon so manchem Vermieter das Genick gebrochen. Indem er nämlich unbedacht einem »falschen Fuffziger« den Schlüssel abgegeben hat, hat er damit seinen Löffel abgegeben – wirtschaftlich gesehen.

Ich empfehle dir, es hier extrem konservativ zu halten und vor einer Schlüsselübergabe gnadenlos auf der Barzahlung der Kaution zu bestehen. Akzeptiere niemals den bloßen Überweisungsausdruck vom Bankautomaten (denn bei ungedeckten Konten wird diese Überweisung erst gar nicht ausgeführt, trotz anderslautender Mitteilung auf dem Beleg). Ebenso untauglich sind als Sicherheit übergebene Sparbücher (denn die gehören weiterhin dem Mieter bzw. dem Geldinstitut, nutzen dir also im Extremfall nicht die Bohne). Auch bei glaubhaft gemachten Beteuerungen (»Ehrlich, ich gebe Ihnen das Geld nächste Woche!«) solltest du so hartherzig bleiben wie der widerliche Geizhals aus der Weihnachtsgeschichte von Charles Dickens. Falsche Nachgiebigkeit wirst du bitter bereuen. Darauf gebe ich dir Brief und Siegel.

Und bevor ich's vergesse: Du solltest aushandeln, dass du als Vermieter einen Schlüssel behalten darfst, um eventuelle technische Probleme rasch aus der Welt schaffen zu können.

Diese Barzahlungsprozedur erübrigt sich natürlich, wenn der Mieter die Kaution rechtzeitig vor der Schlüsselübergabe überwiesen hat und du dieses Geld zuverlässig abgesichert hast.

Wie vereinbarst du eine Staffelmiete richtig?

Eine Staffelmiete ist rechtlich zulässig. Vorausgesetzt, du hast sie im Mietvertrag mit konkreten Beiträgen klipp und klar angekündigt.

Grundfalsch liegst du also mit Formulierungen wie: »Die Miete erhöht sich jährlich um 2%.«

Richtig machst du es beispielsweise so: »Die Miete erhöht sich ab dem 1. Januar 20...1 auf 1000 €, ab dem 1. Januar 20...2 auf 1100 €, ab dem 1. Januar 20...3 auf 1200 €.«

Neben dem Mietvertrag wirst du auch mit anderen Risiken konfrontiert, die du aber minimieren oder zumindest einplanen kannst. Den gefürchteten Leerstand beispielsweise. Der kommt hin und wieder vor, und deshalb solltest du finanzielle Reserven anlegen, um die Zeit bis zur Neuvermietung zu überbrücken. Dasselbe gilt für Reparaturen, wobei ich dir rate, vor einem Kauf das Objekt penibel zu prüfen. Aber selbst dann musst du für alle Fälle Rücklagen bilden.

Der richtige Umgang mit Mietern – und wie du dich vor »Kuckuckseiern« schützt

Weißt du noch? Ich habe zu Beginn dieses Buches eine Immobilie auf eine Stufe mit einer Firma gestellt. Und wenn wir diesen Vergleich fortsetzen, dann ist klar: Ohne Kunden ist jede Firma zum Scheitern verurteilt.

Ebenso wird dein Vermietungsbusiness bzw. dein Immobiliengeschäft nur dann erfolgreich sein, wenn es dir gelingt, die richtige Art von »Kunden« anzuziehen, von Mietern also. Im Idealfall behandeln diese Leute die von dir gemietete Immobilie so pfleglich, als ob sie ihnen selbst gehörte. Und was natürlich für dich das Wichtigste ist: Sie bezahlen die Miete und alle Nebenkosten pünktlich.

Die richtige Auswahl der Mieter und das richtige Mietermanagement sind daher lebensnotwendig für dich.

Mieterauswahl und Mietermanagement

Schritt 1: Anbahnung

Der Mietkandidat ist bei dir gelandet – sei es aufgrund deiner Website, auf Empfehlung eines Maklers oder eines Exposés oder wegen mehrerer dieser Komponenten. Wie geht es nun weiter?

Wenn diese oder dieser Fremde keine persönlichen Empfehlungen vorzuweisen hat und weder eine Mietschuldenfreiheitsbestätigung vorlegt, noch ein Mieterzeugnis, so solltest du doch mindestens Folgendes prüfen ...

1. Lass dir mindestens die letzten drei Gehaltsnachweise bei unselbstständig Beschäftigten zeigen.
2. Dasselbe gilt für die letzte Steuererklärung bei selbstständig Beschäftigten plus Finanzamts- und Sozialversicherungsbescheinigung, dass keine Rückstände bestehen und sonstige Nachweise.
3. Weiterhin empfehle ich dir, abzufragen, in welcher Höhe monatliche Kreditverbindlichkeiten bestehen
4. Eine zusätzliche Anfrage bei Auskunfteien – in Deutschland SCHUFA und Creditreform oder KSV bzw. Alpenländischer Kreditorenverband in Österreich – können sinnvoll sein.
5. Frag nach einer Bestätigung des letzten Vermieters, dass sich dein möglicher Mieter einwandfrei verhalten und seine Mieten pünktlich und vollständig bezahlt hat.

6. Zusätzlich empfehle ich, dir dieses kurze Formular unterschreiben zu lassen:

Mustervorlage

Ich, xxxxxx, bestätige hiermit, derzeit seit xxxxx in einem ungekündigten Arbeitsverhältnis zu stehen und monatlich netto mindestens XXX € daraus zu beziehen. Darüber hinaus beziehe ich aktuell xxxxx € monatlich aus selbstständiger Arbeit (Unzutreffendes bitte streichen).

Meine monatlichen Fixkosten lt. Haushaltsrechnung liegen bei xxxxxx €. Mir steht daher monatlich mindestens Xxxxxxxxxxxxxxx € freies Kapital zur Verfügung.

Ich bestätige hiermit, bisher bei < Name des Vorvermieters, Anschrift, Tel-Nr., Mailadresse > eine Wohnung in xxxxxxx gemietet zu haben über den Zeitraum von xxxxx bis xxxxx und bestätige weiterhin, bei diesem keine Schuldenrückstände zu haben und auch selbst noch keine eidesstattliche Erklärung abgegeben zu haben und in kein Insolvenzverfahren verwickelt gewesen zu sein. Ich erteile hiermit dem neuen potenziellen Vermieter xxxx die Erlaubnis, Auskünfte über mich bei diversen Schuldnerdateien und Kreditschutzverbänden bzw. Gläubigerschutzverbänden wie u. a. Schufa einzuholen.

Ich möchte das Objekt xxx ausschließlich zu Wohnzwecken anmieten und werde es nicht untervermieten.

Ich nehme zur Kenntnis, dass ein etwaiger Mietvertrag nur unter der aufhebenden Bedingung zustande kommt, dass all meine Angaben der ganzen Wahrheit entsprechen. Für den Fall, dass sich nach Abschluss des Mietvertrages herausstellen sollte, dass einzelne Angaben, die ich gemacht habe, unrichtig sind, ist der Mieter nach einmaliger Aufforderung durch den Vermieter zur sofortigen Räumung des Mietobjektes verpflichtet. Der Mieter muss dem Vermieter jeden mittelbaren und unmittelbaren Schaden ersetzen. Ich bin mir dessen bewusst, dass Falschangaben, die meine Einnahmen und Bonität betreffen, den Tatbestand des Betruges erfüllen und daher strafrechtliche Konsequenzen nach sich ziehen.

Unterschrift, Ort und Datum

Manchmal kann dir auch ein kurzer Anruf beim Vorvermieter eine Menge künftiger Kopfschmerzen ersparen.

Zugegeben, manch potenzieller Mieter wird mit der Unterschrift unter diese Zeilen oder mit dem Herausrücken der Telefonnummer seines Vorvermieters ein Problem haben. Mag sein. Aber glaube mir: Dann verzichte lieber und such weiter. Du hast dir gerade wahrscheinlich eine Menge Stress erspart.

Und jetzt lass uns im nächsten Teil gleich zum sonstigen Umgang mit deinen Mietern kommen ...

26
Der richtige Umgang mit Mietern

Es wird also in diesem Kapitel unter anderem darum gehen, wie du das richtige Mietermanagement betreibst, sprich: die Verträge gestaltest, und wie du das Mietverhältnis lebst.

Erinnere dich an die Gleichstellung von Immobilie und Firma!

Die Mieter sind in diesem Fall deine Kunden, von denen du am Ende des Tages dein Geld bekommst. Behandle sie also wie Kunden.

Wir werden uns ansehen, welche Aufgaben du an wen delegieren kannst – und welche du möglichst nahe bei dir lassen solltest.

Analytisch können wir den Prozess im Umgang mit den Kunden in 4 Stufen gliedern ...

- Schritt 1 war die Anbahnung (siehe oben), die Prüfung des Mieters und die Vorbereitung der Vertragswerke
- Schritt 2 ist Abschluss des Mietvertrages und Übergabe
- Schritt 3 beschreibt den laufenden Betrieb
- Schritt 4 behandelt die Beendigung des Mietverhältnisses

Also, lass uns nun nach erfolgter Übersicht mit Schritt 2 fortfahren.

Schritt 2: Abschluss des Mietvertrages und Übergabe

Vorab: Ich verstehe nicht, dass so viele Vermieter ein gestörtes Verhältnis zu ihren Mietern haben. Denn was sind deine Mieter? Ich sage es noch einmal: Kunden deines Unternehmens namens Rendite-Immobilie, die dir monatlich Geld einbringen. Durch ein schlechtes Verhältnis zu deinen Kunden wird dein Business zu einem mühsamen Geschäft.

Wenn du dir einen Verwalter suchst, ist es daher extrem wichtig, dass der gut mit deinen Kunden umgehen kann. Schon kurz nach Übernahme des Objektes durch dich sollte er zeigen, dass ihm als dein verlängerter Arm die Probleme der Mieter wichtig sind. Jedenfalls, wenn es sich um ein größeres Gebäude handelt und nicht nur um eine Wohnung.

Vielen Problemen mit Mietern kannst du allerdings schon aus den Weg gehen, wenn du bei der Vertragsgestaltung keine schweren Fehler machst. Lass uns daher kurz das Thema Verträge ansehen …

Vertrag kommt von »Vertrag-en«

Viele unerfahrene Vermieter machen den Fehler, Wohnraummietverträge in Eigenregie zu gestalten oder aus schlechten Internetquellen zu kopieren. Die jedoch halten im Ernstfall einem Rechtsstreit nicht stand, weil sie gegen die gesetzlichen Richtlinien verstoßen.

So ein verkorkster Mietvertrag ist vor Gericht oft schlimmer, als wenn du erst gar keinen hättest. Denn falls auch nur einzelne Regelungen von den gesetzlichen Vorgaben abweichen, wird der gesamte Vertrag vom Richter für null und nichtig erklärt. Stattdessen wird dir von den Robenträgern ein Vertrag laut BGB (Bürgerliches Gesetzbuch) aufs Auge gedrückt, dessen Bestimmungen in der Regel sehr mieterfreundlich ausfallen. Dass diese Verträge im gleichen Atemzug logischerweise sehr viele Nachteile für dich als Vermieter aufweisen, versteht sich von selbst.

Daher macht es Sinn, lieber gleich Vorlagen der lokalen Haus- und Grundbesitzervereine zu verwenden, die es auf die individuellen Bestimmungen jedes deutschen Bundeslandes abgestimmt gibt. Auch in Österreich und in der Schweiz gibt es dazu regional diverse Gepflogenheiten.

Ohne Zweifel: Es ist eine gute Idee, zusätzlich zum Mietvertrag eine Hausordnung beizulegen und im Detail die Nutzung der Wohnung oder des Gebäudes einzuschränken bzw. festzulegen. Ein Plan, der die gemieteten Flächen farblich kennzeichnet und ebenso die Allgemeinflächen, die von allen Hausbewohnern genutzt werden können, sollte als Standard-Anlage beim Mietvertrag dabei sein. Lass dir diese Anlage ebenfalls unterschreiben.

Wie die Erfahrung gezeigt hat, ist es vernünftig, zum Mietvertrag noch einen Anhang beizusteuern, der das richtige Lüftungsverhalten bestimmt. So wird Schimmelbildung durch unzureichende oder unsachgemäße Belüftung vermieden. In der Praxis empfehlen die Fachleute, mehrmals täglich zwei- bis dreimal eine zehnminütige komplette Öffnung, damit ein Luftaustausch erfolgen kann.

Wann immer eine Einzugsermächtigung für dich als Vermieter möglich ist, empfehle ich sie dir aus pragmatischen Gründen.

Es hat sich bewährt, dass der Vermieter vor Abschluss des Mietvertrages diesen Punkt für Punkt mit dem Mieter durchgeht und dann die einzelnen Punkte am Rande des Vertrages als erledigt abhakt. Auch eine Checkliste kann hier nützlich sein. Falls es zu einem Verfahren kommt, fiele damit der Mieter-Einwand weg, der Mietvertrag sei unklar oder nicht ausreichend besprochen worden.

Protokolle sind das A und O

Wenn du mich fragst: Die meisten Vermieter machen die kostspieligsten Fehler bei der Wohnungsübergabe – bei den Protokollen, um genau zu sein. Lass uns daher kurz näher auf diesen Punkt eingehen. Wann brauchst du ein Protokoll, und wie soll es beschaffen sein?

1. Du brauchst bei jeder Wohnungs- oder Objektübergabe ein Protokoll, das von beiden Seiten zu unterschreiben ist. Dieses Übergabeprotokoll ist besonders für den Mieter wichtig: Dein Kunde sollte unbedingt alle Mängel, die ihm bei Übergabe der Wohnung auffallen, sofort schriftlich festhalten. Falls die Kaution in bar übergeben wird, solltest du auch das ins Protokoll aufnehmen; ebenso, falls ein Sparbuch (was ich nicht empfehlen würde) oder eine Bankgarantie übergeben wird. Bedenke bitte, dass

jedem Mieter das gesetzliche Recht zusteht, die Kaution in 3 Monatsraten zu bezahlen – unabhängig davon, ob der Mietvertrag eine Einmalzahlung vorsieht. Jedenfalls ist es in Deutschland so; aber das kann regional abweichen. Übrigens ist es nicht zulässig, die Rückzahlung der Kaution mit den letzten Mieten zu verrechnen, wie das vielleicht der eine oder andere Mieter gern hätte.

2. Du brauchst bei jeder Wohnungs- oder Objektrückgabe nach Ende der Mietzeit ein Rücknahmeprotokoll, das du ebenso unterschreiben musst wie der Ex-Mieter. Darin sind alle Mängel schriftlich verzeichnet. Wenn Mängel oder Probleme hier nicht vermerkt werden und es sich nicht um so genannte verdeckte Mängel handelt, verwirkst du als Vermieter mit hoher Wahrscheinlichkeit deine Regressansprüche.

Übrigens, Muster für deine Protokolle findest du unter www.gevestor-shop.de/Immobiliendienste/ Formularpakete-Einzelformulare/

Warum sind diese Protokolle so wichtig?

Das Wohnungsübergabeprotokoll hält, wie gesagt, alle Mängel fest, die bei der Übergabe der Wohnung offensichtlich waren. Da der Mieter grundsätzlich für alle Schäden haftet, die in der Mietzeit entstehen, ist es besonders für ihn wichtig, bei der Übergabe der Räume zu dokumentieren, welche Mängel zu diesem Zeitpunkt bereits bestanden haben. Spätestens beim Auszug muss der Mieter dafür sorgen, dass Mängel, die durch nicht vertragskonformen Gebrauch entstanden sind, auf seine Kosten beseitigt oder abgegolten werden.

Klassische Mängel könnten sein ...

- gröbere Beschädigungen von Parkettböden (hier ist nicht die normale Abnutzung durch Gebrauch gemeint)
- gesprungene Fliesen oder Natursteine durch Krafteinwirkung
- Beschädigungen von Fenstern und Türen oder Türschnallen
- Bohrlöcher oder Löcher von Bilderhaken
- Beschädigungen von mitgemieteten Geräten, z. B. Waschmaschine, Geschirrspüler oder Arbeitsplatte in einer Einbauküche usw.

Sowohl bei Einzug als auch bei Rückgabe sind im Wohnungsübergabeprotokoll unbedingt auch alle Zählerstände wie Strom, Wasser, Gas etc. schriftlich festzuhalten. Hier habe ich noch ein paar praktische Empfehlungen zur Übergabe ...

- Bitte die Übergaben immer bei Tageslicht durchführen und vorher alle Rollläden, Jalousien etc. öffnen, damit gute Lichtverhältnisse herrschen.

- Nie unter Zeitdruck Übergaben- oder Übernahmen durchführen, sondern immer Zeitreserven einrechnen.
- Geräte wirklich immer durchtesten, ebenso Lichtschalter und Steckdosen.
- Besichtige auch stets alle zusätzlichen Flächen wie Terrassen, Balkone, Garagen – also alles, was zum Mietobjekt gehört.
- Im Zweifelsfall sollten alle Mängel protokolliert werden, wenn auch bei Mängeln durch sachgemäßen Gebrauch (also z. B. normale Bodenabnutzungserscheinungen bei einem Holz- oder Natursteinboden) von dir kein Abgeltungsanspruch geltend gemacht werden kann.
- Wenn der Mieter die Unterschrift am Übergabeprotokoll verweigert, empfiehlt sich ein zweiter Termin im Beisein eines Rechtsberaters oder neutralen Zeugen, der das Protokoll mitunterschreibt.
- Es ist eine Überlegung wert, sich gleich im Gespräch zu einigen, was den Umfang der Ausbesserungs- oder Nacharbeiten betrifft. Beispielsweise: »Es wird vereinbart, dass binnen 14 Tagen die Decke im Vorraum 1 laut beiliegendem Plan neu gestrichen wird (weiß RAL 01).«
- Im Übergabeprotokoll könnte ein Hinweis hilfreich sein, dass du als Vermieter berechtigt bist, die Telefonnummer und Mailadresse des Mieters an Handwerker weiterzugeben, damit es später im Falle eines Rechtsstreites nicht zu Datenschutzproblemen kommt.
- Wenn es geht, solltest du bei Mängeln immer Fotos oder Filme machen – einschließlich Datumsnachweis.

- Sieh bitte genau nach, ob Mängel nur abgedeckt oder verdeckt wurden, ohne sie wirklich zu beseitigen.

Schritt 3: Laufender Mietbetrieb
Beim laufenden Mietbetrieb empfehle ich dir, einen Verwalter einzusetzen – es sei denn, du hast so überschaubar viele Immobilien, dass du selbst die Verwaltung organisierst. Wichtig ist, dass dieser Verwalter ein gutes Verhältnis zu den Mietern hat und sich verlässlich um kleinere Reparaturen und die Behebung geringer Mängel kümmert.

Zuverlässigkeit und Schnelligkeit sind dabei oberstes Gebot, besonders, wenn mal im Winter eine Heizung ausfällt oder ein Wasserschaden behoben werden muss. Ein guter Verwalter kann entscheidend dazu beitragen, dass die Stimmung im Mehrfamilienhaus gut ist und die Mieter pünktlich ihre Mieten bezahlen. Seine Funktion ist ebenso bedeutend wie die Auftragsabwicklungsabteilung in einer Firma.

Schritt 4: Korrekte Beendigung eines Mietverhältnisses
Falls der Mieter kündigt, ist das Procedere sehr einfach: Sende ihm einfach schriftlich eine kurze Bestätigung und schlage einen Termin für eine gemeinsame Begehung vor. Relativ kurz danach kannst du schon während der Kündigungszeit diese Begehung und dabei schon eine Art Vorabnahme durchführen.

Mein Tipp: Kündige diese Vorabnahme bei der Terminvereinbarung an. Dann kannst du den Mieter freundlich darauf hinweisen, welche Mängel und Reparaturen er auf seine Kosten noch durchzuführen hat, wenn er nicht möchte, dass du sie auf seine Kosten (Kaution) erledigen wirst. Wenn er diese Dinge nicht selbst beheben kann, bleibt dann noch genügend Zeit, Kostenvoranschläge einzuholen.

Übrigens noch eine Besonderheit des deutschen Rechts: Einmal abgegebene Willenserklärungen sind bindend und können nicht zurückgenommen oder revidiert werden. Wenn z. B. ein Mieter kündigt und danach widerruft, bleibt die Kündigung wirksam – unabhängig davon, ob du als Vermieter die Kündigung bestätigst oder nicht. Trotzdem würde ich im Zweifelsfalle die Kündigung immer schriftlich anerkennen.

Wie aber erfolgen Kündigungen durch dich, den Vermieter?

Eigenbedarfskündigungen sind immer möglich, wenn du als Vermieter danach die Wohnung beziehst – selbst, wenn es nur für kurze Zeit sein sollte.

Der häufigste Kündigungsgrund sind aber in der Regel regelmäßig verspätete Zahlungen oder der Aufbau von Rückständen von mehr als einem Monat.

Wenn du deinem Mieter wegen Rückständen kündigen willst, dann warte nie zu lange. Wenn der Mieter in Verzug gerät und der frühestmögliche vertraglich festgelegte Kündigungszeitpunkt heranrückt, solltest du ihm maximal eine einzige Nachfrist einräumen, da Kündigungsverfahren und Räumungsklagen leider belastend lange dauern können. Wenn es geht, solltest du auf eine einvernehmliche Lösung hinwirken.

Aber um bei deutlichen Mietzahlungsrückständen nachher besser verhandeln zu können, würde ich an deiner Stelle vorher immer schriftlich sowohl eine fristlose Kündigung aussprechen, kombiniert mit einer ordentlichen Kündigung. Warum?

Angenommen, der Mieter zahlt die offenen Mieten nach, hat er die fristlose Kündigung abgewendet. Aber wenn es sich um einen notorischen »Schlechtzahler« oder Störenfried handelt, würdest du ihn jetzt nicht mehr loswerden – wenn du nicht – richtig! – auch die ordentliche Kündigung schriftlich ausgesprochen hättest. Jetzt liegt es an dir, ob du gegen Erhöhung gewisser Sicherheiten einen neuen Vertrag mit ihm machst oder er gehen muss.

Was manche auch nicht wissen: In Deutschland darfst du als Vermieter kündigen, wenn a) die Gesamtmiete oder mehr als die Hälfte davon für 2 aufeinanderfolgende Monate ausbleibt oder b) wenn der Mietausfall in einem Zeitraum, der sich über mehr als 2 Termine erstreckt, die Höhe von 2 Monatsmieten erreicht. In der Praxis also meist schon nach 1 Monat plus 1 Tag.

Anfangs (und auch später noch) war ich als Vermieter von falscher Gutmütigkeit erfüllt. So habe ich teilweise über eine Jahresmiete verschenkt, weil ich zu lange mit den unausweichlichen Schritten gewartet habe. Lerne aus meinem Fehler und sei hier sehr konsequent: Nicht zögern – sondern kündigen (und das bitte schriftlich).

Sonstiges zum Thema Mieter

Ankermieter: Wann wird ein Klumpen zum finanziellen Mühlstein um deinen Hals?

Hast du ein Auge auf ein Gewerbeimmobilienobjekt geworfen, das von einem besonders großen »Magnetbetrieb« beherrscht wird? Fachleute sprechen hier von »Ankermietern«, die so dominierend sind, dass sie das ganze Objekt festhalten wie ein Anker das Schiff. Oder eben, dass alles buchstäblich den Bach runtergeht – wenn der haltgebende Anker plötzlich nicht mehr da ist.

Nicht nur im Gewerbebereich kann dich das in Schwierigkeiten bringen. Vorsicht ist ebenfalls geboten, wenn deine Wunschimmobilie zum Beispiel nur zu 50% Wohnzwecken dient und im Erdgeschoss ein großer Gewerbekunde sein Domizil hat. Man spricht in diesem Fall von einem »Klumpenrisiko«.

Allerdings wird auch hier nichts so heiß gegessen, wie es in der Angstmacher-Küche gekocht worden ist. Das beste Beispiel dafür liefere ich selbst: Ich besaß schon einige Objekte, die von einzelnen, schwergewichtigen Mietern beherrscht wurden – ohne negative Folgen. Sei dir einfach nur bewusst, dass mit diesem Klumpen- auch ein höheres Ausfallrisiko verbunden ist und die Finanzierung daher erschwert sein könnte.

27
ABC der klassischen Bankenfinanzierung

Deine ersten Immobiliendeals wirst du wahrscheinlich ganz klassisch finanzieren: durch eine Bank.
Die Kenntnis gewisser einfacher Begriffe und Formeln ist daher unerlässlich.
Lass dir daher die wichtigsten Begriffe klar und einfach erklären.

Eigenkapital

Eigenkapital + Fremdkapital (per Darlehen oder Kredit) = Gesamtkapital

In der Regel wird deine Bank von dir zwischen 20 und 40% Eigenkapital verlangen; der genaue Prozentsatz hängt von deiner Bonität ab. Erscheint deinem Bänker dein Immobilienprojekt besonders rentabel, reichen unter Umständen 10 bis 15% Eigenanteil.
Sollte deine Bank verlangen, dass du mehr als 40% aus deiner Tasche vorstreckst – Finger weg!
Vergiss bei der Gesamtkalkulation nicht die Kaufnebenkosten. Je nach Region musst du hier zwischen 8 und 12% des Kaufpreises ansetzen und zum Gesamtkapitalbedarf hinzurechnen.

Annuitätendarlehen

In Deutschland ist eine der klassischen Finanzierungsformen das Annuitätendarlehen. Dabei ist der Zinssatz in der Regel auf einen bestimmten Zeitraum festgeschrieben. Die Mindestdauer beträgt dabei meistens 5 Jahre. Der Zinssatz kann in dieser Phase nicht geändert werden. Neben der Bezahlung der vereinbarten Zinsen musst du als Darlehensnehmer jedes Jahr einen vereinbarten Teil der Darlehensschuld zurückführen; Zinsen und Tilgung ergeben dabei einen fixen Betrag, der monatlich oder quartalsweise rückgeführt wird. Annuität bedeutet übrigens Kapitaldienst.

Rückführung / Tilgung Kapital + Zinsen
= Annuität oder Kapitaldienst p.a.

Hier noch ein wichtiger Hinweis für dich: Im Laufe der Dauer des Krediter verschiebt sich der Anteil von Zinsen zu Tilgung. Während du am Beginn des Darlehens mehr Zinsen bezahlst, nimmt mit Fortdauer der Zinsanteil ab, und die Rückführung wird höher. Oder anders ausgedrückt: Dein Zinsanteil sinkt mit Dauer der Laufzeit, und die Rückführung des »Ansparteils für deine Immobilie« steigt. Der monatliche oder quartalsweise Betrag der Rückführung bleibt beim Annuitätendarlehen in der Regel aber immer gleich.

Zinsen

Nominalzins: So nennt man in der Regel die Zinsen, die gemäß den häugfisten Finanzierungsmodellen die Bank für die Bereitstellung des Kapitals für 10 bis 20 Jahre in Deutschland verlangt (in Österreich sind auch 24 Jahre möglich). Hinzu kommen noch Bearbeitungsgebühren der Bank, über die du meistens verhandeln kannst. Je besser deine Bonität ist, desto niedriger fallen sie aus.

Die Bearbeitungsgebühr wird dann auf die Laufzeit des Darlehens umgelegt, woraus dann der effektive Jahreszins resultiert.

Tilgung

Wenn du ein Annuitätendarlehen bei der Bank aufnimmst, ist in den ersten Jahren ein Tilgungssatz von ca. 2% realistisch. Die Tilgung reduziert deinen Schuldenstand am Darlehenskonto.

Zinsenfestschreibung

Je nach Bank kannst du unterschiedlich über die Zinsfestschreibung verhandeln. Je kürzer die Zinsfestschreibungszeit beim Annuitätendarlehen ist, desto niedriger sind die Zinssätze am Anfang.

Bedenke aber bitte: Je kürzer du die Zinsen festlegst, desto früher könnte deine Bank Sicherheiten nachfordern. Auch Probleme bei der Anschlussfinanzierung treten oft häufiger auf. Als Anfänger im Immobiliengeschäft empfehle ich dir: Geh auf Sicherheit, und schreibe die Zinsen möglichst lange fest. Das gilt besonders in der aktuellen Situation, wo es die günstigsten Zinsen aller Zeiten gibt.

Zinsdeckungsquote/Zinsdienstfähigkeit

Die Zinsdienstfähigkeit beschreibt die Fähigkeit einer Anlageimmobilie, die Zinsen zu erwirtschaften. Dieser Wert wird in der Zinsdeckungsquote als Zahl definiert.

Zinsdeckungsquote = Netto-Reinertrag p. a. ÷ Zinsen p. a

Alle nachfolgenden Rechenwerte sind gerundete Werte, damit du den Sachverhalt leichter verstehst. Nimm diese Zahlen daher nicht für bare Münze; sie entsprechen nicht dem üblichen Rahmen.

Beispiel: Nettoreinertrag einer Immobilie:
€ 40.000 p. a. ÷ 10.000 € Zinsen p. a. = 4,0

Das wäre beispielsweise ein extrem guter Wert. Er sagt aus, dass selbst dann noch die Zinsen bezahlt werden könnten, wenn der Nettoreinertrag z. B. durch vorübergehenden Leerstand eines Teils der Immobilie um 75% einbricht.

Kapitaldienstquote/Kapitaldienstfähigkeit

Zinsen und Tilgung bezeichnet man als Kapitaldienst. Die Fähigkeit einer Anlageimmobilie, den Kapitaldienst zu bedienen, misst man mit der Kapitaldienstquote.
Die wird so errechnet ...

Nettoreinertrag p. a. ÷ Kapitaldienst p.a.

Auch hierzu ein Beispiel:
Nettoreinertrag p. a. 40.000 € ÷ Kapitaldienst 20.000 € = 2,0

In unserem Beispiel gibt die Kapitaldienstdeckungsquote von 2,0 an, dass der Nettoreinertrag den Kapitaldienst um das 2-fache übersteigt. Dieser Wert ist sehr gut. Würde er doch bedeuten, dass sowohl die Kapitalrückführung als auch der Zinsendienst selbst dann noch bewerkstelligt werden könnten, wenn der Nettoreinertrag vorübergehend um 50% einbricht. In der Praxis gelten auch Werte von 1,3 bis 1,4 noch als sehr gut. Jedoch musst du dich auf unterschiedliche Sichtweisen einstellen – je nach Bank und Bonität.

Rendite

Rendite ist einer der wichtigsten Werte in jedem Business – und natürlich auch bei Immobilien. Denn du solltest deine Immobilie immer wie eine Firma führen, also mit positivem Cashflow – wenn es geht, von Anfang an.

Für Immobilieninvestoren und angehende Tycoons stehen zwei Arten von Rendite im Raum, die sehr wichtig sind. Wie wichtig hängt davon ab, welcher Investorentyp deinem Naturell entspricht ...

1. Cashflow-Rendite
2. Wertsteigerungs-Rendite

Ich persönlich glaube, dass die meisten Fehler hier gemacht werden. Viele unerfahrene Anleger achten nämlich nur auf den Aspekt der potenziellen Wertsteigerung, lassen den positiven Cashflow möglichst von Anfang an aber außer Acht. Ein Fehler! Denn die Rendite aus den laufenden Einnahmen bestimmt letztlich, wie liquide du bist.

Und glaub mir: Wenn du mal die Erfahrung gemacht haben solltest, trotz mehrerer Millionen Immobilienbesitz deine Rechnungen nicht pünktlich bezahlen zu können, weil dir irgendwo ein großes Geschäft wegbricht oder eine große Mieteinnahme – ups! Spätestens dann hast du die schmerzliche Lektion verstanden. Das kann ich dir aus eigener Erfahrung bestätigen.

Also lass uns diesem wichtigen Aspekt »Cashflow-Rendite« bitte Zeit widmen!

Ich schieße gleich noch einige wesentliche Begriffserläuterungen nach. Denn – wie ich aus meinen Seminaren weiß – werden hier oft Äpfel mit Birnen vertauscht – beileibe nicht nur bei Neueinsteigern, sondern auch bei sogenannten »alten Hasen«.

1. **Brutto-Rendite**

Die wird auch Roh-Rendite genannt. Diese Brutto-Rendite berücksichtigt weder die Kaufnebenkosten, noch irgendwelche Abzüge bei den Mieteinnahmen. Die Beleihung spielt ebenso wenig eine Rolle wie der Hebeleffekt einer Immobilie. Die Brutto-Rendite taugst also wirklich nur als Grobwert für erstes Abwägen und Vergleichen verschiedener Objekte in der Vorauswahl.
Die Formel für die Brutto-Rendite oder Roh-Rendite lautet ...

IST-Mieteinnahmen netto/Kaltmiete ÷ 1% des Kaufpreises netto

Ich nenne dir ein Beispiel
IST-Mieteinnahme netto/Kaltmiete 50.000 € ÷ Kaufpreis 650.000 € = 7,69%

Das bedeutet, dass die Ist-Mieteinnahme 7,69% des Kaufpreises netto in Höhe von 650.000 € entspricht. Ein durchaus guter Wert, ja, aber noch nicht sensationell. Allerdings wären über 80% der klassischen Anleger damit schon mehr als zufrieden

2. **Der Faktor**

So, jetzt geht es ins Fachvokabular für die Profis. Brutto-Rendite und Faktor zeigen Ähnlichkeiten, aber angehende

Immobilientycoons sollten sich angewöhnen, den Faktor als wichtiges Kriterium immer im Hinterkopf zu haben. Warum, erkläre ich in Kürze.

Der Faktor besagt, wie viele Jahresmieten als Kaufpreis für die Immobilie bezahlt werden.

Faktor = Kaufpreis netto ÷ IST-Miete-netto kalt p. a.

z. B. 650.000 € Kaufpreis netto ÷ 50.000 € = 13

Es ist sehr einfach, über den Faktor rechnerisch zurück zur Roh-Rendite zu kommen …

100 ÷ Faktor = Roh-Rendite

z. B. 100 ÷ 13 = 7,69 %

Über den Faktor und die Roh-Rendite kannst du als angehender Immobilientycoon Rückschlüsse ziehen, was wie viele Anleger in deiner Gegend für bestimmte Immobilien zu zahlen bereit sind. Je nach Gegend können diese Faktoren sehr schwanken.

Der Faktor spiegelt durchaus das Vertrauen der Anleger in den jeweiligen Markt wider. Während ein befreundeter Investor in Brandenburg bereit ist, maximal das 9- bis 14-fache der Jahresmiete zu bezahlen, wäre das in der Wiener Innenstadt, in München oder in Bestlagen auf Mallorca undenkbar. Dort habe ich so manches »Schnäppchen« mit Faktor 23 bis 25 gemacht; in einigen Toplagen können sogar noch Deals mit einem Faktor 30 oder mehr interessant sein. Es gibt also auch hier kein Patentrezept, wie du siehst.

Ich kann dir daher nur raten, gewisse Märkte eine längere Zeit lang zu beobachten und speziell auf die Veränderungen des Faktors zu achten. Dann bekommst du ein Gefühl für die Tendenzen am Markt und siehst, ob die Mehrheit der Anleger in diesem Markt Vertrauen gewinnt oder verliert.

Übrigens, nicht vergessen: Auch hier gilt – Die Besten der Besten schwimmen nicht mit dem Strom, sondern sind bereit zu kaufen, wenn andere verkaufen und umgekehrt!

Gesamtkapital-Rendite

Im Gegensatz zur Brutto-Rendite (Roh-Rendite) bezieht die Gesamtkapital-Rendite in ihre Berechnung auch die Kaufnebenkosten und die üblichen Abzüge von der IST-Miete mit ein. Die Beleihungskosten sind aber in dieser Kennzahl noch nicht enthalten.

Gesamtkapital-Rendite aus dem Cashflow:

Netto-Reinertrag p. a. (Roh-Rendite, bereinigt um Kaufnebenkosten und Abzüge von der Ist-Miete) ÷1% des Kaufpreises brutto

Da in der nächsten Zeit langfristig mit Zinsen zwischen 1,5 und 2,5% für Immobilienanleger mit sehr guter bis guter Bonität zu rechnen sein wird, sind Gesamtkapital-Renditen meiner Meinung nach dann deutlich, wenn sie klar über diesem Wert liegen. Ich persönlich liege in der Regel kaum unter 5%.

Eigenkapital-Rendite

Bei Immobilien, die nicht beliehen sondern zu 100% aus dem Cashflow finanziert werden, ist die Eigenkapital-Rendite gleichbedeutend mit der Gesamtkapital-Rendite.

Da aber die meisten Immobilien mit Bankendarlehen finanziert werden, gliedert sich bei beliehenen Immobilien das Gesamtkapital in Fremdkapital (in der Regel meist Bankendarlehen) und Eigenkapital.

Für den Fremdkapitalanteil werden an die Bank Zinsen bezahlt und für den Einsatz des Eigenkapitals erwartet der Anleger und Investor natürlich ebenfalls eine Verzinsung oder Eigenkapital-Rendite.

Hierzu die Formel

Eigenkapital-Rendite aus Cashflow = Jahresüberschuss nach Zinsen ÷ 1% des Eigenkapitals

Durch den Hebeleffekt kann hier sehr schnell aus einer Gesamtkapitalrendite von 5% eine Eigenkapital-Rendite von 12% werden. Das macht die Sache schon wieder sehr interessant, nicht wahr?

Liquide Eigenkapital-Rendite

Jetzt geht's in die höhere Schule des Investments. Ich weihe dich jetzt in eine Kennzahl ein, die sonst nahezu nur von Profis benutzt wird. Und es ist vorerst die letzte Kennzahl, mit der ich dich behelligen will.

Im Gegensatz zur Eigenkapital-Rendite, die sich auf den gesamten Gewinn einer Immobilie in einem Jahr bezieht, verweist dieser Wert nur auf den liquiden Jahresüberschuss aus einer Immobilie. Das ist jener Wert, der nach der Tilgung herausgerechnet wird.

Liquide Eigenkapital-Rendite aus Cashflow = liquider Jahresüberschuss nach Tilgung ÷ 1% des Eigenkapitals

Was Investoren am meisten interessiert ist: arbeiten mit dem Geld anderer Menschen. Oder anders ausgedrückt: Renditesteigerung durch Hebel.

Was meine ich damit?

Ich werde es anhand eines Beispiels erläutern: Wir haben eine Immobilie. Sagen wir: eine kleine Wohnung, der Einfachheit wegen mit einem Kaufpreis von 100.000 €.

Der Jahresgewinn aus Erträgen beträgt 7.000 €.

Beispiel 1: 100% Eigenkapital
Nach unserer Rechnung ergibt sich:

Gesamtkapital-Rendite = Jahresgewinn 7.000 € ÷ 1% von Kaufpreis 100.000 € = 7%

Beispiel 2: 20% Eigenkapital

Nun gehen wir davon aus, dass diese Immobilie mit 20.000 € Eigenmitteln und 80.000 € Darlehen finanziert wird. Bei 2-prozentiger Verzinsung fallen für die 80.000 € 1.600 € Zinsen an

Diese reduzieren den Jahresgewinn von 7.000 € auf 5.400 €

Eigenkapital-Rendite: 5.400 € ÷ 1% von 20.000 € = 27%

Übrigens, das wäre eine phänomenal gute Eigenkapital-Rendite!

Hier noch einige Erfahrungswerte, die sich für mich bewährt haben – ohne Gewähr, dass es bei dir auch so eintritt.

Ich versuche im Idealfall, eine anfängliche Eigenkapital-Rendite von 15 bis 30% zu erwirtschaften. Wobei alles über 20% mir schon ziemlich gut erscheint.

Idealerweise achte ich darauf, dass ich von Anbeginn an positiven Cashflow erwirtschafte, sprich: eine anfängliche liquide Eigenkapital-Rendite von über 8%. Das Ideal setze ich bei 10 bis 25% an.

Meine Roh-Renditen liegen selten unter 9%. Allerdings ist dieser Wert von der Lage des Objektes abhängig.

28
Der erste Eindruck zählt

Das alles gehört in ein erfolgsträchtiges Exposé

Das Exposé zählt zu einem der wichtigsten Verkaufsunterlagen. Allzu stiefmütterlich darfst du das nicht behandeln. Sprich: Wirf einem potenziellen Käufer hier nicht nur »Trockenfutter« zu, also nüchternes Zahlenmaterial. Nein, wie schon beim Essen, so macht auch beim Exposé die Sanierung und die Aufbereitung einen Großteil des Erfolgs aus. Sei hier ruhig mal kreativ.

Aber fangen wir unten an. Was gehört alles in dein Exposé?

- Bilder
- Grundbuchauszug
- Beschreibung des Objektes – möglichst genau
- genaue Quadratmeterangaben
- Grundriss- und Lagepläne
- Energieausweis
- Preis – außer beim Bieterverfahren; hier und bei Auktionen muss der Ausrufungspreis genannt werden

Und jetzt nenne ich dir vier Tipps für das perfekte Exposé ...

1. Texte die Exposé-Überschrift kurz und knackig!

Mit einer gelungenen Überschrift ziehst du die Aufmerksamkeit auf sich. Dein Objekt erscheint meist in einer langen Liste von Suchergebnissen und muss innerhalb von Sekundenbruchteilen Interesse wecken. Deshalb: Je pfiffiger und aussagekräftiger dieser Text ist, desto mehr Interessenten werden sich das Exposé ansehen. Dabei sollte die Headline eher kurz sein. Und was noch wichtiger ist: Sie muss der Wahrheit entsprechen.

2. Stell den Kontakt schnell und zuverlässig her!
Das Internet ist ein schnelles Medium. Beantworte deshalb jede Anfrage so schnell wie möglich!

Anderenfalls verschenkst du wertvolle Kontakte! Bekommst du eine Anfrage ohne Telefonnummer oder Adresse, dann sende am besten eine Standard-Mail, in der du den Interessenten um die fehlenden Daten bittest.

3. Gestalte die Exposé-Beschreibung sachlich,
   klar und informativ!
Alle wichtigen Informationen sollten sich im Online-Exposé finden. Für den Suchenden sind alle Informationen interessant, die das Objekt charakterisieren (Dach, Heizung, Baujahr, Zustand, Quadratmeterangaben der einzelnen Räume, Ausstattungsmerkmale wie Bodenbeläge, Balkon...). Nicht zu kurz kommen sollten Infos über nahegelegene Schulen, Kindergärten, die Verkehrsanbindung, Bushaltestellen oder Einkaufsmöglichkeiten. Dabei gilt: so lang wie nötig, so kurz wie möglich.

Anders als bei der Überschrift solltest du hier allzu fantasievolle Ausschmückungen vermeiden. Die Informationen sollten klar, sachlich und zutreffend sein.

4. Nutze bei Fotos die Macht der Bilder

Nutze die einzigartige Möglichkeit, die das Internet bietet, und illustriere das Immobilien-Exposé ausgiebig mit guten Fotos, die idealerweise bei blauem Himmel aufgenommen worden sind. Ein Bildbearbeitungsprogramm kann dabei ruhig auch mal nachhelfen. Aber photoshoppe bitte ein Einfamilienhaus nicht gleich zur Gründerzeitvilla hoch.

Nimm, wann immer möglich, aussagekräftige Bilder von außen und innen. Anhand dieser Fotos merkt ein Interessent in der Regel sehr schnell, ob die Immobilie seinen Vorstellungen entspricht oder nicht. Ebenfalls sehr sinnvoll sind lesbare Grundrisse. Auch sie sind ein wichtiges Entscheidungskriterium.

Dein Vorteil: Es melden sich nur Interessenten, die wissen, was sie erwartet. Unter Umständen bekommst du zwar weniger Anfragen, aber diese sind von ernsthafteren Interessenten. Du ersparst dir Arbeit und unnötige Besichtigungen.

29
Augen auf beim Immobilienverkauf!
Was es da so alles zu beachten gibt

In gewissem Sinne ist dieses Kapitel für beide Seiten interessant – für Verkäufer ebenso wie für alle, die sich mit Kaufgedanken tragen. Denn viele Faktoren, die du vor, beim und nach dem Verkaufen beachten muss, sind auch für dich als Käufer von Gewicht. Etwa, wenn du beispielsweise einschätzen möchtest, ob der geforderte Kaufpreis in Ordnung geht.

Apropos: Wenn du zu einer wirklichkeitsnahen Preisvorstellung kommen willst, kommst du ums Vergleichen nicht herum. Dank des Internets jedoch ist das relativ einfach möglich und kein Hexenwerk.

So gehst du die Preisrecherche an

Suche bei Google nach Immobilien, deren Eckdaten sich in etwa auf demselben Niveau bewegen, wie es bei deiner eigenen der Fall ist.

Angenommen, du hast eine Vierzimmerwohnung zu veräußern, die 105 m² aufweist. Dann google nach solchen Wohnungen und gib bei der Flächenangabe eine Toleranz von 90 bis 120 m² ein.

Eigentlich überflüssig zu erwähnen, dass auch Lage und Ausstattung ungefähr deinem eigenen Angebot entsprechen sollten. Kann deine Wohnung mit Komfort-Ausstattung punkten? Oder wurde sie vor noch nicht langer

Zeit sogar komplett saniert? Auch das sind Vorzüge, die du bei dieser Vergleichs-Internetrecherche auf dem Zettel haben solltest. In die andere Richtung gilt indes dasselbe: Renovierungsbedürftigkeit oder unterdurchschnittliche Ausstattung schlagen sich negativ im Preis nieder.

Wo wir schon beim Thema Ausstattung sind: Auch die verbreitete Ausstattung im betreffenden Wohnviertel hat Einfluss darauf, wie hoch du den Wert deiner Wohnung ansetzen kannst. Wenn alle Domizile um dein eigenes herum besser ausgestattet sind als bei dir, wirst du es schwer haben, Mieter zu finden, die sich mit weniger Komfort zufriedengeben als die Nachbarschaft. Diesen Umstand musst du einkalkulieren.

So wirkt es sich nach einer Studie der Hochschule Nürtingen-Geislingen aus dem Jahr 2013 extrem nachteilig auf die Immobilienvermarktung aus, sollten deine Wohnungen noch über eine Einzelofen-Heizung verfügen. In 80% der Fälle sorgt dieses Manko für deutliche Preisabschläge, dicht gefolgt vom fehlenden Balkon, zu hohen Heizkosten oder einem problematischen Grundriss. Liegt eine Wohnung im Erdgeschoss oder muss man, um sie zu erreichen, erst mühevoll vier Stockwerke kraxeln, weil der Aufzug fehlt, führt das in 61% der Fälle zu deutlichen Preiseinbußen. Und immerhin noch 58% der Befragten können sich mit einer veralteten Sanitärausstattung nicht abfinden.

Was lehrt uns das? Nun, die Ausstattung muss immer zum Mieter passen und zur Lage des Objekts.

Es lohnt sich, genügend Engagement in die Ermittlung eines durchsetzungsfähigen Kaufpreises zu stecken ...

Denn wenn du hier als Verkäufer tiefstapelst, wirst du deine vier Wände zwar erfreulich rasch los – verzichtest aber ohne Not auf die höchstmögliche Rendite. Eine Preisvorstellung jedoch, die vom Start weg voll durch die Utopie-Decke geht, degradiert deine Immobilie höchstwahrscheinlich zum Ladenhüter.

Natürlich kannst du auch einen Sachverständigen damit beauftragen, ein Wertgutachten zu erstellen. Aber Achtung: Gemäß § 34 Abs. 1 HOAI (Honorarordnung für Architekten und Ingenieure) kostet dich das bei einem Objektwert von, sagen wir mal, 250.000 € zwischen 1.400 und 2.000 €. Wenn du diese Ausgabe sparen willst, bietet sich – neben der oben bereits erwähnten Google-Methode – eine Nachfrage bei der Gemeinde- oder Stadtverwaltung an. Hier kannst du die Bodenrichtwerte und die Kaufpreissammlungen der Gutachterausschüsse erfragen. Die Gebühren für diese Auskunft fallen vergleichsweise moderat aus.

Und jetzt drücken wir bei diesem Vorgang im Geiste die Vorspultaste und sehen uns an, welche Unterlagen du brauchst, wenn du dann irgendwann einem potenziellen Käufer dein Objekt schmackhaft machen willst.

Händige deinem Käufer folgende Unterlagen aus ...

- Exposé (Das sollte, falls ein Makler existiert, von diesem erstellt worden sein und einen ersten Überblick der Objektdaten geben. Aber auf dieses Thema gehe ich noch gesondert ein.)
- Grundbuchauszug

- Mietübersichten
- Mietvertragsgruppen
- Kubatur (Berechnung des umbauten Raums)
- Bauunterlagen wie Pläne etc.
- Energieausweis
- Baubeschreibungen
- Bauzeichnungen und Grundrisse
- Bauschadenanalyse
- Versicherungsunterlagen
- Betriebskostenabrechnung für 2 bis 3 Jahre
- Wartungsaufstellungen für technische Einrichtungen im Gebäude etc.
- Nutzwertgutachten
- Teilungspläne und Lagepläne
- Teilungserklärung (bei Eigentumswohnungen)

Sollten Marktmiete bzw. ortsübliche Vergleichsmiete noch nicht im Exposé enthalten sein, kannst du auch im Internet suchen ...

- http://www.wohnungsboerse.net/mietspiegel-mietpreise
- http://www.immowelt.de/immobilienpreise/deutschland/mietspiegel

All diese Unterlagen sind wichtig, speziell für den Käufer. Denn ohne diese Nachweise kann er sich die Bankenfinanzierung abschminken. Deshalb liegt es in deinem eigenen Interesse als Verkäufer, all diese Unterlagen rasch und vollständig bereitzustellen.

Ups, Nebenkosten!

Vorspulen, Teil 2: Denk als Verkäufer bei den Preisverhandlungen daran, dass auch noch 10 bis 12% Nebenerwerbskosten auf den Käufer zukommen. Speziell die Grunderwerbssteuer ist ein ordentlicher Posten, wie du hier siehst ...

Bayern	3,5%
Sachsen	3,5%
Hamburg	4,5%
Thüringen	5,0%
Baden-Württemberg	5,0%
Sachsen-Anhalt	5,0%
Rheinland-Pfalz	5,0%
Mecklenburg-Vorpommern	5,0%
Niedersachsen	5,0%
Bremen	5,0%
Berlin	6,0%
Hessen	6,0%
Schleswig-Holstein	6,5%
Nordrhein-Westfalen	6,5%
Saarland	6,5%
Brandenburg	6,5%

In meinem Heimatland liegt dieser Satz mit 1% deutlich unter diesen durchweg »hübschen Sümmchen«. Tja, glückliches Österreich!

30
Jetzt liegt es an dir!
Pauls Erfolgsgeschichte

Geschafft! Du hast das Ende meines Buches erreicht.

Ich hoffe, dass du bei dieser Lektüre nicht unter Mühen durchhalten musstest. Sondern dass du von Kapitel zu Kapitel mehr Freude, mehr Inspiration und mehr Ansporn in dir gespürt hast. Den Ansporn, loszulegen und jetzt als Immobilieninvestor aktiv zu werden.

Schließlich hege ich eine felsenfeste Überzeugung, die dich inzwischen wohl nicht mehr überraschen dürfte ...

Wenn du wirklich finanziell frei sein willst, kommst du an Immobilien nicht vorbei!

Ich finde, dass es spätestens jetzt an der Zeit ist, dass du noch etwas mehr über mich, mein Leben und mein Verhältnis zu Immobilien erfährst.

Klar, ich hätte dir die Erbauungslektüre namens »Mein Leben« schon an einer früheren Stelle an die Hand geben können. Aber ich finde, dass sie als Ausklang dieses Buches besser taugt als zu dessen Einleitung. Schließlich soll sie ein Ansporn sein, in die Umsetzung zu gehen. Es spielt nämlich keine Rolle, wo du heute stehst, sondern es ist nur relevant, eine Entscheidung zu treffen: die Entscheidung, als Investor zu leben und damit dem Hamsterrad des Angestelltendaseins oder Kleinunternehmertums endgültig zu entgehen.

Ich kann mir denken, dass mein Buch hier nicht das erste ist, das du über die Themen »finanzielle Freiheit« oder »Immobilieninvestment« gelesen hast. Vielleicht hast du ja zudem das eine oder andere Seminar besucht. Und es ist gut möglich, dass du dich jetzt, in diesem Moment, dasselbe fragst, was du dich bei den vorherigen Büchern oder den Seminaren schon gefragt hast ...

Wie soll ausgerechnet ICH das alles schaffen?

Hab ich dich erwischt? Es ist naheliegend, weil die meisten Menschen so denken.

Ja, ich kann mich eben gut in dich hineinversetzen. Was nicht von ungefähr kommt; schließlich sind solche Fragen früher unentwegt in Kompaniestärke durch meinen Kopf marschiert. Es ist ja noch kein Meister vom Himmel gefallen; erst recht nicht, wenn es ums Investieren in Rendite-Immobilien geht. Und auch ich musste irgendwann bei Null anfangen, genauso wie jeder andere, der nicht reich geboren wurde. Und wenn ich es genau bedenke, dann ist Null sogar falsch, denn das wäre Zero. Aber tatsächlich war es sogar bei »unter null«, wo ich begonnen habe. Weil: Ich hatte es als Unternehmer geschafft, mehrere Millionen € Schulden aufzubauen.

Womit wir schon mitten im Thema wären: meinem eigenen Werdegang – und vor allem, wie ich es mit Rendite-Immobilien geschafft habe, mein Leben auf ein völlig neues Niveau zu führen, um heute das Leben meiner Träume zu leben.

Und um gleich mal die Frage zu beantworten, warum ausgerechnet du das alles schaffen sollst: weil ich es ebenfalls geschafft habe – und meine Startvoraussetzungen alles andere als märchenhaft waren. Glaub mir: Anders als der aktuelle Ur-Vater aller Immobilientycoons, Donald Trump, bin ich nicht in eine Familie hineingeboren worden, für die das Investieren in Rendite-Objekte eine Selbstverständlichkeit war. Ganz im Gegenteil.

Every MASTER was in the beginning A MASTER OF DESASTER.

Aber der Reihe nach …

Ich kam an einem grauen Novembertag des Jahres 1964 in Wien auf die Welt. Meine Eltern führten ein, wie man so schön sagt, bürgerliches Leben; sie waren rechtschaffen, anständig und ehrlich – und sehr sparsam. Sie starteten mit Null, arbeiteten hart – um nicht zu sagen: Sie schufteten manchmal auch. Und sie legten jeden Cent auf die Seite. Gutes Leben war ein Fremdwort. Ich trug deswegen auch als Knirps die Klamotten anderer Kinder aus dem Freundeskreis, wofür ich mich oft schämte. Nur von meiner Großmutter bekam ich öfters mal neue Hosen oder Hemden. Aber irgendwann, als ich gerade 12 Jahre alt war, hatten es meine Eltern dann geschafft und so viel gespart, dass sie sich damit ein kleines Grundstück »in der Pampa« – also zwischen den Feldern südlich von Wien – kaufen konnten. Richtig schön weit weg und zwar ca. 45 Minuten mit dem Auto vom Stadtzentrum entfernt – wenn verkehrstechnisch alles gut ging. Wenn es Stau gab, dauerte die Reise eben länger.

Meine Eltern hatten immer fleißig jeden Cent dreimal umgedreht, so, wie es sich gehört, einen Bausparvertrag abgeschlossen und auch sonst jede Ausgabe fünffach überdacht und diskutiert. Deshalb durfte jetzt auch mit dem Bauen begonnen werden. Natürlich nicht mit einer Baufirma, sondern mit eigener Hände Arbeit und Nachbarschaftshilfe. Aber was tut man nicht alles für den Traum des kleinen Häuschens im Grünen? Auch beim Material wurde gespart, und meine Eltern entschieden sich für die Pfosten-Riegel-Holzkonstruktion eines Zimmermanns nach amerikanischem Vorbild statt eines Ziegelbaus. Mein Vater arbeitete mit eigenen Händen beim Rohbau mit, jedes Wochenende, obwohl er das als gelernter Maschinenbauingenieur nie gelernt hatte. Er ruinierte dabei sogar seine Gesundheit. Als der Innenausbau anstand, wurden die »Baustellenarbeitszeiten« der ganzen Familie verschärft, und alle freien Abende wurden auf der Baustelle verbracht, bis der Innenausbau des kleinen Häuschens endlich fertig war. Ich durfte fleißig mithelfen, was für einen pubertierenden Jungen, der in dieser Zeit am liebsten Radrennen fuhr, so ziemlich das Ödeste war, was er sich vorstellen konnte. Die Wochenendbeschäftigungen waren über drei Jahre lang vorprogrammiert: Beton mischen, Dach decken, mit Gipsplatten arbeiten. Es gab keine Bauarbeitertätigkeit, die ich nicht mitmachen »durfte«.

Jede freie Minute ging für das »Baustellenflair« in der Pampa drauf – und irgendwann war die Hütte dann auch endlich fertig. Ich übrigens auch. Obwohl man ein Zimmer für mich vorgesehen hatte, sollte dort später mein 16 Jahre jüngerer Bruder wohnen. Ich selbst bin dort nicht mehr eingezogen, weil ich beschlossen hatte, mit 16 von zu Hause auszuziehen. Ich frage mich heute noch manchmal, wann meine Eltern die Muße fanden, in dieser damals so schwierigen Zeit meinen Bruder zu zeugen. Aber bekanntlich werden ja selbst im Krieg noch Babys gezeugt: Irgendeinen Spaß muss man sich ja gönnen, wenn die Zeiten schwierig sind. Meine Mutter ist übrigens auch bei einem Urlaub knapp vor Ende des Zweiten Weltkrieges gezeugt worden.

Aber zurück zum Arbeiterbezirk, wo unsere kleine Wohnung stand, in der ich knapp 16 Jahre meiner Kindheit verbracht hatte.

Dort in dieser Gegend konnte ich die Gewohnheiten der Armen studieren, denn »großes Denken« war einfach verpönt. Und niemand dort brauchte ein Portemonnaie in XXL. Und weil das so war, kam dort auch niemand auf die Idee, in XXL zu denken, weder finanziell noch unternehmerisch. Nahezu jeder fand sich mit seinem Schicksal ab oder kämpfte bestenfalls – wie meine Eltern – um den Aufstieg in ein aus meiner Sicht spießiges bürgerliches Leben.

Obwohl ich in einer der kultiviertesten Städte Mitteleuropas aufwuchs, ging es in den Straßen meiner Kindheit zu wie im rückständigsten Indien: Ich gehörte, wie selbstverständlich, zur »Kaste der Unaufsteigbaren«. Aus diesem Elend ausbrechen? Nach oben kommen? Auf die Idee, dass so etwas überhaupt möglich wäre, kam in unserer Familie niemand.

Obwohl – niemand?

Nun, das stimmt nicht ganz.

Ich war zwar ein Niemand, gewiss, aber ich wollte ein Jemand sein. Unbedingt. Vor allem wollte ich schon ziemlich früh da raus – raus aus dieser kleinen, beengten Wohnung; raus aus diesem Stadtviertel, in der sich die Armut festgesetzt hatte wie ein Hausschwamm; raus aus einem Milieu, in dem finanzielles Niedrigwasser allerorten als gottgegebener Normalpegel hingenommen wurde. Keine Ahnung, was mich geritten hat, mich diesem – für meine damaligen Verhältnisse – »unerreichbaren« Traum vom Reichtum hinzugeben. Aber dieser Traum krallte sich wie eine Klette in mein gesamtes Denken, Wollen und Handeln. Und manchmal, wenn mir zum Heulen war, tröstete mich dieser Traum. Er stand mir bei, wenn ich nicht einschlafen konnte in meinem beengten Zimmer, welches ich mir mit meiner Schwester teilen musste. Resultat: Nichts und niemand konnte mich von diesem Entschluss abbringen, reich zu werden.

Es war dieses übermächtige, alles überstrahlende, erstrebenswerte Ziel in meinem Kopf, das mich ab da alle Widrigkeiten überwinden ließ. Und davon gab es eine Menge.

In der Schule etwa wollte ich mich partout nicht glattschleifen lassen und verteidigte aufmüpfig all meine Eigenarten, Ecken und Kanten – sehr zum Leidwesen meiner Lehrer. Weder dieser Lehrkörper noch ich waren sonderlich traurig, als ich diesem Schlachthaus der Eigenständigkeit mit 16 Lebensjahren endgültig den Rücken kehrte, um eine Lehre zum Großhandelskaufmann anzutreten.

Nachdem ich in dem Konzern, in dem ich die Lehre absolvierte, unterschiedlichste Abteilungen von EDV über Buchhaltung bis Auftragsabwicklung durchlaufen hatte, stand mein Wunsch fest, in den Vertrieb zu gehen und Verkäufer zu werden.

Im Nachhinein staune ich darüber, dass ich in jungen Jahren schon so weitsichtig war und auf Teufel komm raus Verkäufer werden wollte. Irgendeine innere Stimme riet mir aber zu, dass ich als guter Verkäufer der Armut am ehesten entrinnen könne, da jede Firma letztlich vom Verkauf lebt. Womit »Gottes Hotline« recht hatte, denn wenn du etwas verkaufen kannst (egal, ob es eine Ware ist, eine Vision oder ein Appell), dann kann dich nichts auf dieser Welt aufhalten. Letztendlich waren einige der größten Konzerngründer hervorragende Verkäufer – wie Steve Jobs mit Apple über Ray Kroc (McDonald's) bis hin zu Sir Richard Branson, der diversen Hollywoodstars den Flug zum Mond schmackhaft machte.

Ich wollte jedenfalls keineswegs Techniker werden wie mein Vater. Techniker denken sehr oft, wie ich festgestellt habe, in schwarz-weiß, geht/geht nicht und tun sich viel schwerer dabei, im positiven Sinne »verrückt« zu denken -jedenfalls diejenigen, die ich kennengelernt habe.

Wie auch immer: Meine Entscheidung stand fest: »Ich lerne alles über Verkauf und gehe dann in den Verkaufsaußendienst. Als Verkäufer bist du der King – in so einem Konzern zumindest, wenn du Verkaufen kannst.«

Nachdem ich sieben Jahre lang von den Besten meiner Branche goldwerte Tipps und Tricks gelernt hatte, war ich einer der besten Verkäufer in unserer Niederlassung. Und da ich extrem viel Einsatz zeigte, wurde ich letztendlich mit gerade mal 23 Jahren zum Verkaufsleiter befördert – nachdem ich zuvor 2 Jahre lang schon Verkaufsgruppenleiter war. Bei Managementbesprechungen der Führungskräfte war ich fast 15 Jahre jünger als der nächstältere Kollege.

Zwei Jahre später bekleidete ich sogar schon den Posten des Marketingleiters – der Jüngste in dieser Position, und das bei damals 167.000 Mitarbeitern weltweit. Aber um ehrlich zu sein – ich war alles andere als happy. Schließlich sah ich meine Zukunft nicht als Angestellter.

»Moment mal!«, hielt ich inne. »Jetzt hast du eine beneidenswerte Top-Position in einem Top-Unternehmen – und bist dennoch kreuzunglücklich. Wie kann das sein?« Ganz einfach, war ich doch in dieselbe Falle getappt, in der auch du im Moment wahrscheinlich zappelst: Ich tauschte als Angestellter kostbare, unwiederbringliche Lebenszeit gegen vergleichsweise wenig Geld, auch wenn es aus Sicht Gleichgestellter ein gut bezahlter Job war. Aber eben nur ein Job. Keine Mission. Kein Spirit. Kein Prickeln, morgens, wenn man den Arbeitstag beginnt. Daher rührte mein ganzes Unglück.

Durch meinen beruflichen Aufstieg war ich zwar der schreienden Armut des Wiener Arbeiterviertels entkommen und hatte schon mit jungen Jahren das nette Häuschen im Grünen, für das meine Eltern so viele Jahre kämpfen mussten – und sogar noch auf einem ganz anderen Level mit Marmorböden, englischer Gartengestaltung, englischem Wintergarten und Pool. Und ich durfte sogar täglich im Firmen-Audi im Stau stehen. Aber war es das, was ich wollte?

Nein, ich hatte nur die karge Gefängniszelle gegen einen anderen, etwas komfortableren Kerker getauscht, mehr nicht.

Wenn ich mal nicht im Büro arbeitete, dann durfte ich von meinem Homeoffice-Fenster direkt auf den Pool blicken; mich dort entspannen durfte ich nicht. Aus diesem Hamsterrad des Angestelltendaseins kam ich kaum noch raus, denn bis zu 70 Wochenstunden Arbeit zum Heile des Konzerns waren auf meiner Hierarchiestufe der Normalfall. Nicht ganz unnormal auch, dass meine erste Ehe angesichts dieses fast schon »japanischen Arbeitswahns« in die Brüche ging. Welche Frau lässt sich so eine chronische Vernachlässigung schon auf Dauer bieten?

Also wagte ich zum zweiten Mal, unerträglich gewordener Enge zu entkommen. Auch wenn es diesmal ein goldener Käfig war, aus dem ich unter allen Umständen fliehen wollte. Familie und Freunde erklärten mich schlichtweg für verrückt, als ich diesen vermeintlichen Super-Posten mit Spitzengehalt und todschickem Firmenwagen Lebewohl sagte und mich in den Treibsand der beruflichen Selbstständigkeit wagte.

Denn ich wollte finanzielle Freiheit. Ich wollte entscheiden wann, wo und mit wem ich arbeite und an welcher Sache.

Und zugegeben – ich wollte auch Luxus: schöne Urlaube, am Meer leben, einen tollen Sportwagen und vieles mehr. Also all das, was wirklich reiche Menschen im Überfluss besitzen. Und die waren ausnahmslos als Unternehmer so reich geworden.

Dass ich den Absprung noch gerade rechtzeitig gepackt hatte, erwies sich nur wenige Monate später als reichlicher Segen ...

Denn die Konzernabteilung, der ich als Marketingleiter vorgestanden hatte, wurde zwei Jahre nach meinem Abschied mir nichts, dir nichts zuerst auf ein Fünftel reduziert und dann gänzlich eingestampft. Aus die Maus – für Dutzende von Mitarbeitern. Einfach so, aufgrund von Umstrukturierungen im Konzern. Ich hatte also gerade noch rechtzeitig den Absprung geschafft. So viel zu der altehrwürdigen Weisheit der Eltern, aber auch meiner geliebten Oma: »Junge, behalt bloß diesen sicheren Job im Angestelltenverhältnis, bevor du dich auf eine unsichere Selbstständigkeit einlässt!«

Genau genommen hatte ich ja auch schon zwei Jahre davor im Angestelltenverhältnis begonnen, die Weichen für meine Selbstständigkeit zu stellen und war schon nebenberuflich gestartet. Aber jetzt war ich so richtig dabei, in den unternehmerischen Orbit vorzustoßen.

Zugegeben, dieser Start verlief eher unspektakulär – mit gerade mal zwei Mitarbeitern und einem Geschäftspartner. So richtig sehen lassen konnte sich aber unsere unternehmerische Entwicklung: Innerhalb weniger Jahre blickte ich mit Stolz auf eine Firma – meine Firma! –, die nicht nur in Österreich eine bedeutende Rolle spielte, sondern überdies in diversen osteuropäischen Ländern fleißig Tochterunternehmen gegründet hatte: Unser Name war in Budapest vertreten, in Belgrad, in Kiew und anderen Städten.

Ja, das war das Resultat meiner harten Arbeit, die mir viel Geld einbrachte. Zumindest hin und wieder. Umso stärker wurmte es mich, dass ich das meiste vom »hart Verdienten« gleich wieder abgeben musste: Der Fiskus hielt die Hand auf, und nach Löhnen und Gehältern blieb für mich manchmal weniger übrig als für meine Mitarbeiter.

»Wozu mache ich das eigentlich?«, stellte ich mich selbst zur Rede. Ich ahnte die Antwort: Mein Sohn motivierte mich, die Zähne tapfer zusammenzubeißen. Nur alle 14 Tage durfte ich den Kleinen sehen, aber bei jedem unserer Treffen schwor ich ihm im Stillen, dass er es einmal besser haben sollte. Und ich erkannte schon da, wo der Hund begraben lag: Ich hatte lediglich das Hamsterrad des Angestelltendaseins gegen das Hamsterrad des klassischen Unternehmertums getauscht. Ich arbeitete selbstständig, also selbst und ständig, hatte oftmals weniger auf dem Konto als meine Mitarbeiter, weil jeder Cent in den Geschäftsausbau floss, schob dafür aber umso mehr Frust. Denn was brachte es mir, dass ich morgens im Büro der Erste war und abends der Letzte?

Die Firma wuchs; ich gründete eine Auslandsvertretung nach der anderen; immer mehr Mitarbeiter kamen und somit immer mehr Verantwortung. Natürlich auch immer mehr Autos, immer mehr Lagerflächen und immer mehr Büros. In Budapest, in Belgrad (du erinnerst dich an meine Erfahrungen mit Billy Boy am Beginn dieses Buches) und einigen anderen osteuropäischen Städten. Bei den Airlines war ich schnell im Vielfliegerstatus, und 70.000 km jährlich mit meinem Wagen waren damals der Normalfall.

Irgendwie hatte ich trotz aller Expansionen das Gefühl, dass meine Rechnung nicht aufging. Während die Firmengruppe immer größer wurde, wurde meine Lebensqualität immer schlechter und der Anteil an Fremdkapital immer größer. Aber ich kannte da jemanden, dem meine selbstzerstörerische Dauer-Schufterei durchaus etwas einbrachte: Das waren die Vermieter meiner Büro- und Lagerräume in all den Ländern, in denen ich tätig war.

Als ich nachrechnete, wie meine Mietaufwendungen in den letzten Jahren durch unser Firmenwachstum gestiegen waren, stand ich unter Schock.

Immobilienvermieter müsste man sein. Und dann fiel mir wieder das Geschäftsmodell von McDonald's ein, die ja weltweit – neben der Kirche – der größte Immobilienbesitzer sind, weil sie es verstanden haben, sich von ihren Franchisenehmern die Immobilien finanzieren zu lassen. Und die ganze Welt erliegt noch immer dem Irrtum, das Geschäftsmodell von McDonald's seien Burger und Mac-Menüs.

Wie wenig das Gros der Menschen doch unser Wirtschaftssystem durchblickt! Aber wen wundert es? Es wird ja an keiner unserer klassischen Schule wirklich gelehrt, wie unser System WIRKLICH läuft und was man für seinen wirtschaftlichen Erfolg tatsächlich benötigt. Die meisten jungen Menschen denken noch immer in einem Anflug von Naivität, sie würden im klassischen BWL-Studium gerüstet fürs Leben als erfolgreicher Unternehmer. Und ihre Lehrmeister lassen sie in dem falschen Glauben: entweder, weil sie selbst dieser Lüge aufsitzen oder lieber unser System schützen wollen als ihre Mitmenschen, die daran zugrunde gehen könnten.

Aber zurück zu meiner Nachdenkphase.

Je mehr ich nachdachte, desto klarer stellte ich fest: So ein Vermieter hat es richtig gut! Er bekommt Kohle, ohne jedes Mal neu etwas verkaufen zu müssen. Und das Monat für Monat, ohne einen Finger zu rühren – Mannomann, ziemlich gut!

Und warum machte ich das nicht selbst?

Weil ich zu feige war, verdammt noch mal. Im großen Stil in Immobilien investieren – nein, das traute ich mich nicht. Dieses »Nein« dröhnte wie ein überlautes Echo aus meinen armutsgrauen Kindheitstagen in meinem Kopf, das meinen Wunsch übertönte, im Immobilieninvestment mein Heil zu suchen. »Einer wie ich« schaffte das niemals, das war mal sicher. Und zudem spürte ich die Last meiner unternehmerischen Verschuldung wie einen Mühlstein um meinen Hals.

»Nein, Paul, lass die Finger davon«, schärfte ich mir ein.

Aber so sehr ich mir die Sache auch aus dem Kopf zu schlagen versuchte – der Samen war gelegt. Und so, wie dank seiner Hartnäckigkeit sogar ein schlapper Löwenzahn irgendwann eine robuste Asphaltdecke durchbohren kann, schaffte mein unterdrückter Wunsch, auch Immobilien zu besitzen, letztlich doch den Durchbruch.

Also ganz unter uns: Natürlich hatte ich dort oder da schon ein bisschen Vorerfahrung mit kleinen Immobilien. Aber so eine kleine Wohnung, die man vermietet oder ein Minibüro ist ganz was anderes, als so eine richtig große Gewerbeimmobilie mit mehreren tausend Quadratmeter Nutzfläche. So ein großes Ding hatte ich bis dato noch nicht gestemmt.

Obwohl mich mein selbstzerstörerischer Glaubenssatz Blut und Wasser schwitzen ließ, nahm ich eines Tages all meinen Mut zusammen und sprach mit meiner Bank: Eines der Gebäude, die meine Firma damals mietete, hätte ich gern käuflich erworben.

Und was geschah?

In der ersten Phase lachten mich die Bänker aus. In der zweiten Phase hörten sie wenigstens zu. Und in Phase drei – viele Monate später – gelang es mir nach zähen Verhandlungen zu guter Letzt, den ersehnten Kredit zugesagt zu bekommen.

Heureka!

»Wenigstens ein einzelnes Gebäude – besser als nichts!« So bewertete ich meinen ersten Deal damals.

Und siehe da: Die Bank merkte, dass ich die Immobilie gut bewirtschaftete und bot mir einige Monate später sogar eine Immobilie im Süden von Wien an. Zufälligerweise – wer mich kennt, weiß, dass ich an keine Zufälle glaube, maximal in dem Sinn, dass es dir zufällt, wenn du vorher Einsatz gezeigt hast – war es das Nachbargrundstück einer der Immobilien, auf welchem mein Betrieb stationiert war. Ein anderer Unternehmer hatte dort gerade Pleite gemacht und nochmals »zufälligerweise« war der Gläubiger meine Bank. So erfolgreich würde es jetzt unentwegt weitergehen, oder?

Ja, alles sprach für eine tolle geschäftliche Entwicklung – bis zu diesem 11.9.

Ich sage nur: 11. September 2001.
Wir verstehen uns, oder?
Wenn du zu denen gehörst, die damals übers Fernsehen und Internet Zeuge dieses teuflischen Anschlags geworden sind, werden sich diese Momente unauslöschlich in dein Gehirn gebrannt haben: vier entführte Passagierflugzeuge, zwei davon krachen in das World Trade Center, eins ins Pentagon, eins stürzt ab. Was für ein höllischer Wahnsinn!
Mir steht noch genau die Szene vor Augen, als eine meiner Mitarbeiterinnen im Nebenzimmer einen Schrei ausstieß, nachdem sie im Internet mitbekommen hatte, was da gerade abgeht.
Wir konnten gar nicht anders, als uns vor dem Fernseher im Besprechungszimmer fassungslos die Schreckensbilder anzusehen, die die Welt für immer verändern

sollte. Immer mehr leitende Mitarbeiter aus den umliegenden Räumen kamen ins Zimmer gelaufen, nachdem sie aufgrund des Lärms und der Emotionen mitbekommen hatten, dass hier gerade etwas Schreckliches passiert.

»Das kann doch nicht wahr sein«, lärmte es in meinem Kopf. »Das ist doch nur ein ganz schlechter Katastrophenfilm!« War es aber nicht – leider Gottes.

Und während ich, von Grauen gelähmt, mit ansehen musste, wie die beiden gewaltigen Doppeltürme des Wolkenkratzers in sich zusammensackten, um Tausende Menschen unter sich zu begraben – da verspürte ich eine leise Ahnung, dass auch in meiner eigenen Welt schon bald kein Stein mehr auf dem anderen bleiben würde.

Und diese Befürchtungen sollten Wahrheit werden: Meine gesamten privaten Ersparnisse, ein Großteil damals in Aktien angelegt, wurden in den nächsten Wochen ebenso pulverisiert wie das World Trade Center. Ja, tatsächlich. Ich Narr hatte doch all mein Geld in Aktien angelegt, ohne mich dabei wirklich gut auszukennen und die gingen nun in dem anschließenden Finanzcrash komplett in die Binsen.

Hätte ich mich doch nie, nie, nie von dieser überhitzten Börsen-Begeisterung anstecken lassen, die um die Jahrtausendwende die ganze Welt am Wickel hatte! Es herrschten Zustände wie im Tollhaus: Lehrer kündigten ihre todsicheren Stellen, weil sie durch Aktienspekulation auf Riesengewinne spekulierten, und sogar meine Putzfrau hat damals Aktien erworben – das erste Mal in ihrem

Leben. Alle schwärmten davon, innerhalb weniger Jahre mit Wertpapieren finanziell frei zu werden, und zu diesem Thema jagte ein Bestseller den anderen.

Der Hollywood-Film »Wall Street« war Realität geworden, und die Gier der Massen war unbeschreiblich – ebenso der Frust und die Verzweiflung, als die Blase platzte und die falschen Gurus plötzlich ganz still wurden und untertauchten.

Aber hätte, hätte, Fahrradkette! Mein Geld war weg!

Ich hatte zwar noch meine Firma, aber in Folge der weltumspannenden Krise, die nun kommen sollte, war dort das Geschäft rückläufig. Und weil dem noch nicht genug war, sollte binnen eines Jahres mein Unternehmen die größte unserer Lieferantenvertretung im Chemiebereich verlieren, die uns bis dahin gut mit Aufträgen versorgte. Ebenso ging uns unser Vertriebsleiter von der Fahne und an einen neuen chinesischen Mitbewerber, der gerade auf den Markt drängte. Wenn so etwas geballt auftritt, dann nennt man es – Krise. Ich wusste damals noch nicht, dass im Chinesischen die Schriftzeichen für Krise und Chance die gleichen sind.

Grimmig zog ich daher Bilanz: »Jetzt bist du blank. Du hast nichts mehr, um weiter in Aktien zu investieren und Nachkäufe zu tätigen, die jetzt, in dieser unsicheren Lage, ohnehin Wahnsinn wären. Oder doch nicht? Aktien? Vergiss es. Dein operatives Geschäft verdient nicht das, was es soll, um die laufenden Kosten zu decken.«

»Und dass bisschen Immobilienvermögen wird mich jetzt auch nicht retten«, dachte ich weiterhin bei mir.

»Außerdem besitzt meine Firma die Immobilien und nicht ich privat – wenn also mit dem Betrieb etwas passiert, dann sind die auch weg!«

Ich begann nachzurechnen. All die Haftungen, die ich im Laufe der letzten Jahre unterschrieben hatte. All die Kredite. Nichts als Schulden!

Mit einem Wort: Die Lage war hart und erschien alles andere als rosig. Um nicht zu sagen: Sie war »beschissen«.

Aber dieselbe innere Flamme, die mich schon als Kind dazu angestachelt hatte, gegen die vermeintliche Aussichtslosigkeit meiner sozialen Herkunft aufzubegehren – dieselbe innere Flamme brachte mich jetzt dazu, den Fehdehandschuh des Schicksals aufzunehmen und es anders zu machen. Geholfen haben mir dabei die Worte des Mathematikers Christoph Lichtenberg: »Ob die Dinge besser werden, wenn sie anders werden, weiß ich nicht. Aber dass die Dinge anders werden müssen, wenn sie besser werden sollen – das weiß ich!«

Allerdings bereiteten mir meine Bankgespräche damals so viel Freude wie ein Faustschlag auf die Nase ...

Denn mir war klar: Jetzt waren die Immobilienpreise wieder interessant. Und jetzt sollte man investieren können.

Sollte. Leider hatte ich ausgerechnet jetzt nicht nur keine Reserven, sondern sogar zu wenig, um meine Fixkosten zu decken.

Und »natürlich« rückte keine Bank der Welt angesichts

der global lodernden Wirtschaftskrise nicht einen roten Heller weiteren Kredit heraus, damit ein »Greenhorn« wie ich sich noch mehr Immobilien kaufen könnte. Mann, war ich naiv!

Und wie das so ist, wenn die wirtschaftlichen Wände einzustürzen drohen: Angesichts dieser seelischen Zerreißprobe ging auch meine damalige Beziehung voll in die Brüche. Es war zum Verzweifeln!

Durch meinen Schleier aus Enttäuschung kamen mir meine Freunde wie Lichtgestalten vor, die Monat für Monat riesigen Cashflow generierten. Ebenso verklärt nahm ich meine Vermieter wahr, die durch meine Zahlungen reicher und reicher wurden.

»Mensch Paul, warum schaffst du das nicht?«, warf ich mir selbst vor. »Warum kriegst du nicht die Kurve als Immobilieninvestor? Jetzt müsste man kaufen können!«

Nachdem ich zu diesem Zeitpunkt schon einige Immobilienbücher und Bücher über Vermögensaufbau gelesen hatte, war mir natürlich auch klar, dass alle reichen Menschen viele Dinge anders machen als die Masse und meistens gegen den Strom schwimmen. So investieren reiche Menschen z. B. in der Regel nicht, wenn alle investieren, denn dann ist der Trend meistens auch schon wieder fast vorbei. Reiche Menschen investieren in der Krise, wenn arme Menschen die Angst hemmt, wirtschaftlich nicht überleben zu können.

Aber wie gesagt: Ich hatte keine Ahnung. wie ich es auf die Reihe bekommen sollte. Ich fühlte mich sehr schlecht und bombardierte mich täglich mit Selbstvorwürfen.

Kommen dir diese Selbstvorwürfe bekannt vor?

Erlebst du diese Situation am eigenen Leibe?

Fühlst du dich von der Situation total überfordert?

Hast du nicht die geringste Idee, wie es weitergehen soll?

Fühlst du dich als Versager, weil alle Welt mit links das große Geld verdient, aber du nicht?

Mir kam es damals so vor, als durchlitte ich gerade einen aberwitzigen, geradezu surrealen zeitlichen Rücksturz in das Grau meiner Kindheit: Ich sah mich im Geiste schon wieder als Habenichts, als die ewige Null aus dem Arbeiterviertel, als jemand, dem die finanzielle Freiheit von Geburt an nicht zusteht. War es nicht so? Alles sprach doch dafür: Das bisschen, was mir noch gehörte, drohte ich jetzt auch noch zu verlieren. Die gewohnte Welt um mich herum ging gerade komplett den Bach runter.

Zu dieser mit Selbstvorwürfen gespickten Existenzangst gesellte sich ein Seelenschmerz, der in meine Eingeweide schnitt wie ein Harakiri-Schwert. Kannst du dir das vorstellen?

Nichts als Sorgen! Und niemand da, mit dem man wirklich darüber sprechen oder mit dem man diese Sorgen teilen kann. Morgens wachte ich auf: allein in einem Doppelbett, in dem ich früher gemeinsam mit meiner Partnerin genächtigt hatte. Und abends schlief ich in diesem viel zu großen Möbelstück (jedenfalls für einen Single wie mich) wieder ein – ebenso mutterseelenallein.

Ich hatte keine Frau, mit der ich mein Leben teilen konnte. Mein Sohn war nicht bei mir. Ich wusste nicht, ob die Reste meines Vermögens die Krise überleben würden und wie ich je schuldenfrei werden sollte. Von meinem ursprünglichen Wunsch, ein wirklich großes Vermögen aufzubauen, war ich meilenweit entfernt, weiter als je zuvor – wenn dieser Trip schiefginge, das war mir klar.

Zum Glück gab es noch zwei wirklich wahre Freunde, mit denen ich die letzten Jahre zuvor sehr wenig Kontakt gehabt hatte und die sich jetzt in der Krise wieder bei mir meldeten.

Sie sollten sich in diesem finanziellen Feuersturm als wahre Freunde in der Not erweisen und damit den Grundstein für eine lebenslange Freundschaft legen. Aber so gut wie alle der alten »lieben Schönwetterfreunde«, die sich früher »in aller Freundschaft« in der Sonne meiner Anfangserfolge getummelt hatten, hatten mir in der Krise eisherzig den Rücken gekehrt und sich hundserbärmlich vom Acker gemacht – ebenso wie einige Mitarbeiter, die bei den ersten Problemen im Firmenverbund nicht mehr gesehen waren und sich andere Jobs suchten. Wahrlich, wer solche »Freunde« hatte, brauchte keine Feinde mehr.

Aber so wusste ich wenigstens, auf wen ich mich verlassen konnte. Auf diese zwei echten Freunde, die geblieben waren und sogar in der Krise von sich aus den Kontakt suchten, um mir zu helfen. Vor allem, indem sie für mich immer ein offenes Ohr hatten.

Und der andere, auf den ich blindlings bauen konnte – das war kein Geringerer als ich selbst: »Ich werde kämpfen!«, schwor ich mir hoch und heilig. »Ich hole mir das, was mir zusteht, und ich werde auferstehen wie Phönix aus der Asche, verlasst euch drauf. Und ich schaffe das, weil ich es diesmal besser mache – weil ich diesmal voll auf Immobilien setzen werde! Und weil ich Mittel und Wege finden werde, von Lieferanten und Banken unabhängiger zu werden!«

So, nachdem ich mir dieses – nach menschlichem Ermessen unerreichbare – Ziel erst mal gesetzt hatte, stellte ich mir Fragen. Konstruktive Fragen, um genau zu sein ...

Wie kann ich es schaffen, Immobilien mit wenig oder gar ohne Eigenkapital zu finanzieren?

Wie schaffe ich es, so gut zu werden, dass ich diese Finanzierung erreichen kann?

Wer kann mir dabei helfen, so richtig gut zu werden?

Die Antwort sandte mir das Leben (oder der Himmel, je nach deiner Weltanschauung) in Gestalt eines Menschen, der in den nächsten Wochen und Monaten mein Mentor in Sachen Immobilieninvestment werden sollte. Dieser Mann war ein Immobilientycoon reinsten Wassers, wobei sein Name an dieser Stelle keine Rolle spielt, da er nie erwähnt werden wollte. Was viel wichtiger ist: Ich durfte Unmengen von ihm lernen, und ich bin bis heute sehr dankbar dafür, dass er sein Insiderwissen mit mir rückhaltlos geteilt hat.

Das Universum ist so beschaffen, dass die Schwingungen, die wir gedanklich aussenden, immer in irgendeiner Weise beantwortet werden. Das ist das Lebensgesetz der Resonanz, und du musst nicht einmal daran glauben, dass es wirkt. Du musst es auch nicht verstanden haben, obwohl ein solches Verständnis dir manches im Leben leichter macht. Aber prinzipiell ist es ein Lebensgesetz. Und ebenso, wie das Gesetz der Schwerkraft gilt, ob du dran glaubst oder ob du es verstehst oder nicht, so gilt auch das Resonanzgesetz. Es wirkt. Und es wirkt immer. Das gilt auch für das Gesetz der Anziehung.

In meinem Fall äußerte sich dieses Resonanzgesetz dergestalt, dass sich meine Lebenswege mit jenem meines Mentors »zufällig« gekreuzt haben. (Man beachte die Anführungszeichen. Ich glaube nämlich eigentlich nicht an Zufälle – maximal daran, dass einem manchmal etwas zufällt!) Ab da nordete mich dieser, an Jahren deutlich ältere Mann, konsequent auf das Ziel ein, ein ebenso erfolgreicher Immobilieninvestor zu werden, wie er selbst einer war.

Als Erstes richtete er meinen inneren Kompass komplett neu aus. Sprich: Er drehte mein Mindset auf links, und das innerhalb weniger Treffen. Er öffnete mir die Augen für die entscheidende Tatsache, dass alle Immobilientycoons dieser Welt, und mögen sie noch so übergroß erscheinen, ganz, ganz klein angefangen haben, sofern sie ihr Vermögen nicht von Papa geerbt hatten. Dasselbe gilt für die Großinvestoren im Immobilienbereich. Mein Mentor machte mir klar, dass ich eine Eichelnuss war, die nur darauf wartete, zu einer mächtigen Eiche heranzuwachsen.

Pleiten? Selbstzweifel? Rückschläge? All das waren früher die Wegbegleiter auch jener Vorbilder gewesen, die uns heute als leuchtendes Beispiel für erfolgreiches Immobilieninvestment vorgeführt werden. Denn wenn der Himmel etwas von uns will, entzündet er zu diesem Zweck ein Höllenfeuer unter unserem Hintern.

Nach und nach, wie ein Jüngling vor der Stammesinitialisierung, wurde ich bereitgemacht für die echte Wahrheit. Der Schmerz und der Leidensdruck in mir waren inzwischen derart stark geworden, dass jeder Selbstbetrug darunter zerbrach und ich die Wahrheit glasklar erkannte ...

Ich selbst war es, der die Situation ändern musste!

Niemand anders als ich konnte diese Änderung herbeiführen.

Niemand anderes würde diesen Job übernehmen.

Und auch nur ich allein würde diese Aufgabe schaffen können.

Und so sagte ich zu mir selbst klar und deutlich ...

ICH KANN ALLES ÄNDERN!

ICH MUSS ALLES ÄNDERN!

UND NUR ICH KANN ES ÄNDERN!

Was dann kam, waren eine Reihe Entscheidungen. Um mit den Worten eines anderen, meines Coaches zu sprechen ...

Deine Entscheidungen sind dein Schicksal.
Tony Robbins

Eine meiner Entscheidungen war, mich von meiner Firma zu trennen. Der Abnabelungsprozess war ein langer; auch der Verkaufsprozess dauerte über eineinhalb Jahre. Wen die ganze Story interessiert, kann diese in meinem Buch »LEBENSSANIERUNG – Sanieren statt Planieren« ausführlich nachlesen. In dem Buch hier, das du gerade liest, will ich weniger auf die dann folgenden Firmendeals eingehen, sondern ausschließlich auf meine Entwicklung als Immobilieninvestor.

Jedenfalls startete ich damit so richtig durch, zu einem Zeitpunkt, da die Banken noch nicht bereit waren, mir wirklich ausreichend Geld für Immobiliendeals zu leihen. Dadurch war ich gezwungen, kreativ und erfinderisch zu werden, was Finanzierung und Geldbeschaffung betrifft.

Eine hilfreiche Wahrheit hat mich mein Mentor erkennen lassen – eine Wahrheit, die in der öffentlichen

Betrachtung von Immobilientycoons und anderen, die ganz oben stehen, oft sträflich vernachlässigt wird: Keiner dieser Menschen hat es gänzlich ohne fremde Hilfe geschafft. Niemand gewinnt, der auf sich allein gestellt ist. Im Gegenteil: Sich gegenseitig nach oben zu hieven – diese Kunst beherrschen diese vernetzten Menschen perfekt. Also musste ich es genauso machen.

Ich schaute mir ganz genau an, was diese Investoren getan hatten. Wie sahen ihre Systeme aus? Was konnte ich über ihre Methoden in Erfahrung bringen? Nach und nach enthüllte ich deren Geheimnisse und trug sie zu einem Erfolgsrezept zusammen, das ich jetzt »nur noch« nachkochen musste.

Dass ich genau auf dem richtigen Weg war, erkannte ich, einige Monate später, als ich endlich meinen allerersten Deal ohne einen Cent Eigenkapital und ohne Sicherheiten finanzierte. Es handelte sich um eine renovierungsbedürftige, zudem aktuell schlecht vermietete Immobilie, und zwar um eine knapp über 100 Quadratmeter große Wohnung in C-Lage, die später aufgrund einiger Entwicklungen B-Lage werden sollte. Rückwirkend betrachtet, war das der Wendepunkt meiner Karriere als Immobilieninvestor.

Jetzt hatte ich Blut geleckt!

Ich lernte alternative Finanzierungsstrategien kennen, wie Mietkauf und Optionskauf.

Mietkauf war spannend, denn man benötigte kaum Eigenkapital und konnte, wenn man ein Untervermietrecht einband, schon sehr schnell positiven Cashflow

erzielen. Die Qualität dieses Mietkauf-Prinzips hatte sich als ausgezeichnet erwiesen, und ich konnte dieses Prinzip wieder und wieder und wieder anwenden. Natürlich auch auf größere Immobilien bezogen. Ich kann kaum in Worte fassen, wie sehr mich das fasziniert und motiviert hat. Es funktionierte!
... Wenn auch nicht immer.
Ja klar, Rückschläge sind natürlich nicht ausgeblieben. Wobei ich dies immer positiv gesehen habe: Ich lernte dadurch, welche Fehler ich künftig tunlichst vermeiden musste. Dieses und anderes Wissen sog ich auf wie ein Schwamm, und schon zwei Jahre später bescherten mir meine Immobilien einen monatlichen Cashflow, mit dem ich meine Fixkosten decken konnte – so einigermaßen jedenfalls. Denn wie wir alle wissen, steigen ja mit den Erfolgserlebnissen die Wünsche und der Lebensstil.

Aber wollte ich auf halbem Wege stecken bleiben? Nein – jetzt nicht mehr!

Nur so über die Runden zu kommen? Nix da, das war mir zu wenig. Die ganzen Tipps wie »Kauf dir ein altes Auto und spare dich reich« waren nicht mein Ding.
Ich wollte mehr. Viel mehr. Ich hatte Blut geleckt wie eine Raubkatze.
Also legte ich meine innere Messlatte heißspornig ein paar Etagen höher: Wie, so fragte ich mich, haben es jene Leute geschafft, die binnen weniger Jahre ein Immobilienvermögen von 100 oder 150 Millionen € und mehr auf-

bauen konnten? Ich ahnte, dass auch das nur eine Zahl war. Dass es ein Grundprinzip geben muss, das mir – wenn ich es nur einmal durchschaut hätte – den Weg zu den ganz großen Hausnummern im Immobilieninvestment ebnen würde.

Also forschte ich nach diesem Grundprinzip. Ich fragte mich, wie meine Vorbilder es geschafft hatten, dahin zu kommen, wo ich hin wollte. Und ich fragte sie selbst – sofern und so oft es möglich war. Glaub mir, ich habe mir den Mund fusselig gefragt.

Eine Antwort dämmerte mir selbst schon rasch: Nach wie vor sabotierten noch immer viel zu viele falsche Glaubenssätze meine Aktivitäten als Immobilieninvestor. Hier setzte ich die nächste Kahlschlag-Axt an. Weg mit all dem Unkraut im Kopf!

Zugleich machte ich mir glasklar, dass es im Immobilienmarkt jede Menge schwarze Schafe gibt, Blender und Dummschwätzer, die allen Ernstes behaupten, niemals so etwas wie Krisen durchlitten zu haben. Ich erkannte, dass diese falschen Fuffziger schlicht und ergreifend logen, dass sich die Balken bogen, sobald sie behaupteten, ihre Immobilien durchweg mit mind. 40 bis 50% Eigenkapital zu finanzieren. Was für ein Schwachsinn!

Und noch eine Wahrheit schälte sich immer stärker aus dem Nebel der Unwissenheit heraus: Ich musste anders agieren als alle anderen. Diese Philosophie unerschrockener Polarisierung vertrete ich auch in anderen Lebensbereichen und bei meinen Coachings. Diese 5-A-Formel, wie ich sie nenne, bewährt sich allerdings auch im Immobilienbereich: Mach nie bloß das, was alle anderen schon machen. Als Mainstream-Mitläufer erreichst du die Spitze nie im Leben. Schau dir die Superreichen an: Sie verdanken ihr immenses Vermögen der schlichten Tatsache, dass sie wenige, aber entscheidende Dinge komplett anders machen als der Durchschnitt. Und auch diese Einflussgrößen filterte ich für mich heraus.

Es dauerte seine Zeit, aber ich wurde als Immobilieninvestor besser und besser. Erst entwickelte ich aus einem alten Lagergebäude ein Seniorenwohnheim-Projekt. Als Nächstes wandte ich mich einem Objekt mit 16 Kleinwohnungen zu, die ich möbliert vermietete – und zwar mit einer Rendite von fast 12%! Wodurch dieses Objekt derart attraktiv wurde, dass ich es einem Investor für sehr gutes Geld verkaufen konnte. Kurze Zeit später realisierte ich mein erstes Loftprojekt mit Umwidmung des Flächenwidmungsplans: Ich widmete alte Lagerhallen zu Wohnraum um. Zunächst, relativ bescheiden, mit drei Wohnungen; zuletzt waren es sieben. Das klingt alles sehr einfach, war es aber nicht. Wer dazu mehr Infos benötigt, sollte sich mal umsehen auf meinem Blog www.immobilientycoon.tv

Dann wechselte ich in die Champions League der Investoren ...

Denn mein erster ganz großer Deal, der diesen Namen wirklich verdient, umfasste ein altes Fabrikareal mit über 26.000 m² Grundfläche südlich von Wien. Welch »heiße Kiste« dieses Geschäft war, merkte ich an der Reaktion meines damaligen Mentors, der, als Fuchs mit allen Wassern gewaschen, aus seinen Zweifeln keinen Hehl machte. Aber dieses Mega-Ding zog ich jetzt durch.

Besagtes Projekt verlangte mir alles ab, vor allem in Sachen Durchhaltevermögen. Volle drei Jahre musste ich rechnen, verhandeln, überzeugen, neu rechnen, neu verhandeln, neu überzeugen – erst dann konnte ich den Sack zumachen.

Obwohl es sich hier aus heutiger Sicht um ein Millionengeschäft handelte, ging ich damals sechsstellig in die Vorleistung und investierte einen Großteil meiner laufenden Einnahmen aus diversen anderen Geschäften, um den Deal abwickeln zu können.

Und als die Tinte mit den Unterschriften aller Beteiligten unter den Verträgen trocknete, schäumte in mir ein Hochgefühl auf, wie Stoßwasser aus einem Geysir. Es war einzigartig, unbeschreiblich. In diesem tollen Moment wusste ich, dass ich es geschafft hatte. Und ich gönne dir von ganzem Herzen, dass auch du dasselbe Gefühl erleben wirst, wenn du erkennst: Du hast all deine Träume wahrgemacht und als Immobilieninvestor deine finanzielle Freiheit erreicht.

Spätestens jetzt solltest du die zurückliegenden Seiten dieses Buches mit ganz anderen Augen sehen ...

Kann ich dir eine Garantie dafür geben, dass du als Immobilieninvestor einen fulminanten Triumphzug hinlegst? Natürlich nicht. Ich kann dir aber die Garantie dafür geben, dass dich der Staub der Erfolglosigkeit bedecken wird, wenn du, zum Kuckuck, den ersten Schritt nicht wagst. Denn egal, ob es dich auf den Golfplatz zieht, zum nächsten EDEKA oder zu einer Weltreise – wenn du dich nie dazu aufraffst, den ersten Schritt zu tun, kommst du nirgendwohin. Nicht zum Golf, nicht zum EDEKA ... und nicht zur finanziellen Freiheit.

Wenn du spürst, dass du dringend etwas tun musst, um deine Situation zu ändern, dann tu es einfach! Es geht doch nur um diesen ersten, diesen winzigen, diesen einzigen Schritt.

Mal dir vorher bloß nicht aus, was dir später alles in die Quere kommen könnte. Knabbere niemals an Problemen, bevor sie überhaupt auftauchen. Denn du weißt nie, ob du überhaupt jemals mit ihnen konfrontiert wirst.

Mach also einfach einen Schritt nach dem anderen. So und nicht anders habe ich es auch gemacht. Und so bin ich als Immobilientycoon ganz nach oben gekommen.

Erfolgreicher Immobilieninvestor oder gar Immobilientycoon zu werden, das ist einfacher, als du glaubst!

Ich selbst bin der lebende Beweis, dass man auch von ganz unten nach ganz oben gelangen kann.

Das Leben, das ich heute führe, hat nichts mehr mit dem Mist gemein, mit dem ich mich in meiner Kindheit herumschlagen musste. Auch die Widrigkeiten, durch die ich mich als leitender Angestellter oder klassischer Unternehmer gequält habe, sind inzwischen passé.

Während andere von einem tollen Leben träumen, lebe ich ein traumhaftes Leben: Ich agiere als selbstbestimmter Designer meines Daseins, bin überdies mit einer wunderbaren Frau liiert und sehe heute meinen Sohn, den ich sehr liebe, wann immer ich will. Ich bin zutiefst dankbar für das wunderbare Verhältnis, das ich mit ihm habe. Und natürlich bin ich auch für alle anderen wunderbaren Dinge dankbar: für die tollen Autos, die ich fahre, und für die wunderschönen Immobilien, die ich privat nutze.

Während ich als Kind in der zweiten Wohnung meiner Eltern schon froh war, dass wir ein eigenes Badezimmer in der Wohnung hatten und das WC nicht mehr am Gang lag wie bei Wohnung Nr. 1, hat heute keine meiner Wohnstätten weniger als 3 oder 4 Bäder, ebenso viele WC-Anlagen und mehrere Schlafräume.

In Wien beispielsweise lebe ich mitten im Stadtzentrum – 3 Minuten Fußweg vom Stephansdom entfernt in einem wunderschönen Penthouse mit Blick auf den Dom, wenn ich auf der Dachterrasse stehe. Während ich mich in Mallorca in einer der selbst genutzten Immobilien über den Blick auf den edelsten Yachthafen der Insel, Puerto Portal, erfreue.

Es macht mir außerdem Freude, an unterschiedlichen Plätzen Wohnimmobilien zur Verfügung zu haben, die ich fallweise selbst nutzen oder vermieten kann: je nach aktueller Lebenssituation, Lust und Laune. Dabei achte ich, wann immer ich vermiete, darauf, dass eine lukrative Rendite übrig bleibt. Schon bei der Auswahl der Immobilien ist für mich daher der Einkaufspreis extrem wichtig, und ich lasse mich nicht blenden. Nahezu an jedem Platz gibt es noch Einkaufsmöglichkeiten weit unter dem Durchschnittspreis, wenn man über ein großes Netzwerk und das Know-how verfügt.

Ich glaube, dass es für jeden Menschen wichtig ist, finanziell frei zu sein. Und der Weg dahin geht meiner Erfahrung nach mit Immobilien am schnellsten.

Daher habe ich heute auch endlich Zeit für jene Menschen, die ich wirklich liebe. Und dazu zählen neben meiner Familie natürlich auch meine engsten Mitarbeiter und meine besten Kunden.

Ja, ebenso dankbar wie staunend bescheinige ich dem Leben, dass es mich überaus reich beschenkt hat.

Das alles kannst auch du haben!

Aber keiner gewinnt allein!

Du brauchst einen Mentor, der dich alles lehrt und in die richtigen Netzwerke einführt!

Weiter vorn in diesem Buch habe ich mich auf die universellen Lebensgesetze bezogen, die dazu geführt haben, dass ich, wie von einer unsichtbaren Hand geführt, mit meinem Mentor zusammengetroffen bin. Jenem Immobilientycoon, der mich bereitwillig in alle Geheimnisse dieser Branche eingeweiht hat.

Dieselben universellen Lebensgesetze sorgen dafür, dass auch in dein Leben Menschen und Umstände treten werden, die dich als Immobilieninvestor nach vorn bringen werden. Du musst allerdings die Bereitschaft dazu klipp und klar ausstrahlen. Der Wunsch, dich fortzuentwickeln, muss in dir strahlen wie die Sonne und funkeln wie ein Diamant im Scheinwerferlicht. Nur dann sendest du die entsprechenden mentalen Schwingungen aus. Nur dann zeigst du, dass du als Schüler bereit bist zu lernen. Und genau dann wird dein Lehrer an deine Seite treten.

Zum Schluss hebe ich den Vorhang vor meinem »geheimen Seelenleben« noch an einer anderen Stelle für dich an. Habe ich dir schon erzählt, dass ich auch noch einen anderen Traum hatte und habe? Nämlich den, der Welt etwas Bleibendes zu hinterlassen?

Wahrscheinlich liebe ich Immobilien auch aus dem Grund, dass ihnen so viel Dauerhaftigkeit innewohnt. So viel Unvergänglichkeit.

Aber ich erfülle diesen Traum auch auf einem anderen Gebiet mit Leben, indem ich auf der ganzen Welt Vorträge zum Thema Wohlstand halte. Ist das nicht toll? Ich kann meine Leidenschaft fürs Reisen ausleben und das perfekt kombinieren mit meiner Mission, Menschen zu finanzieller Freiheit zu verhelfen, sie bei Immobilieninvestitionen zu unterstützen und ihnen ein tragfestes Lifedesign zu vermitteln. Ich konnte schon Tausenden von Menschen helfen, das Leben ihrer Träume zu führen. Entweder in persönlichen Coachings oder über meine Bücher und meine Onlineuniversität. Meine Best-of-Best-Academy ist Ausdruck meines Willens, möglichst jedem Menschen in Europa das beizubringen, was unsere Schulen und Universitäten sträflich unterlassen: ihr Mindset produktiv auszurichten und die Kraft des Unterbewusstseins zu nutzen, um richtig zu investieren, um finanziell frei zu werden und um entscheiden zu können, wann wir arbeiten wollen, wo und mit wem. Und natürlich eine Marke zu werden, Leadership zu lernen und aufzuhören, der finanziellen Unbildung anheim zu fallen und alles zu glauben, was unser System an Lügen bereit hält. Nicht mehr zu glauben, dass ein mühsam erkämpfter Studienplatz ausreicht, um später Karriere zu machen. Und lieber die Lüge zu erkennen, dass das, was wie eine Karriereleiter aussieht, in großen Konzernen meistens nur ein von innen betrachtetes Hamsterrad ist. Durch finanzielle Bildung zu erkennen, dass das mittels Hypothekendarlehen finanzierte Privathaus am Stadtrand, im Gegensatz zur vermieteten Wohnung, kein Asset oder keinen klassischen Vermögenswert darstellt (oder erst viele Jahre später, wenn es ausbezahlt ist), sondern eine Schuld, die dich in deiner Flexibilität voll einschränkt und ans Hamsterrad deines Jobs bindet.

Ich möchte, dass Leute all das in meiner BEST of BEST Entrepreneurs Academy lernen, damit sie das nächste Level ihres Lebens erreichen können.

Oder, auf den Punkt gebracht: Ich helfe Menschen, Zeit für die wirklich wichtigen Dinge des Lebens zu haben. Eines Lebens übrigens, das leider endlich ist, ohne dass die meisten es sich bewusst machen, bevor es zu spät dafür ist. Jedenfalls sollst du einmal am Ende deiner Tage nicht bereuen, zu viel Zeit in deinem Büro verbracht zu haben – das steht fest wie das Amen im Gebet. Und wie sieht es mit der sozialen Komponente aus? Willst du etwas an die Gesellschaft zurückgeben?

Spätestens, wenn du mit Immobilien finanziell frei geworden bist, kannst du viel für deine Mitmenschen tun und der Gesellschaft Gutes tun. Wenn du erst einmal so weit bist, ist es dir ein Leichtes, beispielsweise eine Stiftung einzurichten und auf diese Weise deinen Beitrag zur positiven Entwicklung unserer Gesellschaft zu leisten.

Entscheide dich jetzt!

Alles im Leben beginnt mit einer Entscheidung.

Auch ich habe mich vor ein paar Jahren entschieden, den quälenden Holzweg endlich zu verlassen und den Weg zu gehen, der mir vorbestimmt ist.

Den Weg als Lifedesignentrepreneur und Immobilieninvestor. Und wenn manche mich heute den Immobilientycoon nennen, dann lache ich darüber und denke an die armen Tage meiner Kindheit zurück.

So gesehen, ist eine innere Entscheidung der alles entscheidende Schritt vor dem sichtbaren ersten Schritt.

Wenn du also mit deinem Leben nicht vollständig zufrieden bist, ja, wenn du deine aktuellen Lebensumstände vielleicht sogar aus tiefster Seele hasst – dann denk daran: Es ist niemals zu spät, der Mensch zu werden, der du sein willst. In welche Familie du geboren wurdest, dafür kannst du ebenso wenig wie für deine sonstigen Lebensumstände.

Aber ab dem Zeitpunkt, an dem du glasklar erkannt hast, dass du als Designer deines eigenen Lebens das Steuerruder in der Hand hältst – ab da bist du dafür verantwortlich, was aus dir wird. An diesem Scheideweg stehst du jetzt. Es ist eine Probe deines Charakters, welche Schlüsse du aus diesem Wissen ziehst.

Dein Leben von heute ist das Resultat deiner gestrigen Entscheidungen. Und dein Leben von morgen wird das Resultat dessen sein, wie du dich heute entscheidest.

Jetzt.

In diesem Moment.

Entscheide dich auf der Stelle dafür, als Lifedesignentrepreneur und »angehender Immobilientycoon« durchzustarten.

Bei deinem Aufstieg begleite ich dich gern. Aber den Startknopf drücken – das kann nur ein einziger Mensch: du allein! JETZT!

Ich hoffe, wir sehen uns in einem meiner Liveseminare, bei denen mich meistens mehrere Immobilienprofis begleiten.

Go to the next Level!

Dein Paul Misar

Im folgenden Anhang findest du noch jede Menge Checklisten und Blaupausen. Weiterhin kannst du noch zusätzliche nützliche Checklisten direkt bei mir anfordern – gratis und unverbindlich. Schreib einfach eine kurze E-Mail an pm@lifedesigner.info

31
Die 12 Tycoon-Gebote des PAUL MISAR

Und hier noch ein paar allgemeine Tipps, die sich bei meinen eigenen Immobiliengeschäften immer glänzend bewährt haben ... bewusst nicht die biblischen zehn Gebote des alten Testaments, sondern die zwölf Tycoon-Gebote aus eigener Erfahrung ...

1. Du solltest niemals mit Umbauarbeiten beginnen, bevor du einen Kaufvertrag in der Tasche hast oder eine rechtswirksame BAUBEWILLIGUNG in Händen hältst (siehe Negativbeispiel: Boris Becker – Abbruchbescheid der Umbauten in Millionenhöhe auf der Finca auf Mallorca).
2. Der Verkauf einer Immobilie ist auch im unerwarteten Zustand möglich, sofern Konstruktionspläne und Bauoptionen vorliegen.
3. Kaufe niemals eine schöne Wohnung in einem schlechten Haus.
4. Kaufe ruhig eine schlechte Wohnung in einem schönen, gepflegten Haus; habe keine Scheu vor Wohnungen im optisch schlechten Zustand.
5. Werte ein ordentliches, gepflegtes Treppenhaus als Plus; zerstörte Briefkästen hingegen sind ein Alarmsignal.
6. Nimm dir Zeit für die Auswahl deiner Immobilien. Besichtige ausreichend viele Objekte.

7. Tritt bei der Suche nach passenden Objekten in die Fußstapfen des zukünftigen Mieters. (Teste auch einmal, wie lange du mit der S-Bahn vom Speckgürtel ins Zentrum benötigst oder wie weit es zu Fuß zum nächsten Supermarkt ist).
8. Wo neue Arbeitsplätze entstehen, steigen die Mietpreise. Vorausblickend planen!
9. Brich bei der Besichtigung nie offensichtlich in Entzücken aus, auch wenn dir das Objekt noch so gut gefällt.
10. Verkaufe Garagenstellplätze und Nutzungsflächen im Außengelände extra, wenn es auf Käuferseite mit der Finanzierung eng wird.
11. Vorsicht bei der Vermietung an Diplomaten. Sie besitzen diplomatische Immunität, und du kannst sie nicht belangen, wenn sie Schäden hinterlassen haben.
12. Mache investitionsfreudige Mieter zu Partnern.

Anhang: Checklisten

Auf den Folgeseiten findest du einige Muster ausgewählter Checklisten für den Immobilienkauf.

Wenn du unser ausführliches Immobilienpaket mit sämtlichen umfassenden Checklisten zu allen Immobilienthemen inklusive Finanzierung und Mietvertrag bekommen möchtest, gehe bitte auf nachfolgende Seite und fordere dein Geschenk dort kostenlos an:

www.immobilien-geschenk.com

Checkliste Immobilienkauf allgemein

Lage:
[ ] Sehr gut [ ] Gut [ ] Befriedigend [ ] Ausreichend [ ] Ungenügend

Aktuell verhandelter Preis im Vergleich zum Marktwert:
[ ] Sehr gut [ ] Gut [ ] Befriedigend [ ] Ausreichend [ ] Ungenügend

Zustand des Objekts allgemein:
[ ] Sehr gut [ ] Gut [ ] Befriedigend [ ] Ausreichend [ ] Ungenügend

Umfeld der zu kaufenden Immobilien / Nachbarschaft
[ ] Sehr gut [ ] Gut [ ] Befriedigend [ ] Ausreichend [ ] Ungenügend

Verkehrsanbindungen:

[ ] U-Bahn-Anschluss [ ] Busverbindung [ ] Sonstige Öffentliche Verkehrsmittel

[ ] Autobahn [ ] Bahnhof [ ] Güterbahnhof

Wertsteigerungschancen innerhalb der nächsten 5-10 Jahre:
[ ] Sehr gut [ ] Gut [ ] Befriedigend [ ] Ausreichend [ ] Ungenügend

Ausbau- und Sanierungspotential:
[ ] Sehr gut [ ] Gut [ ] Befriedigend [ ] Ausreichend [ ] Ungenügend

Möglichkeit, die Mieterträge die nächsten 5-10 Jahre zu steigern:
[ ] Sehr gut [ ] Gut [ ] Befriedigend [ ] Ausreichend [ ] Ungenügend

Mietkauf möglich:
[ ] Ja [ ] Nein

Checkliste für Grundstückskäufer

Lage:

[ ] Sehr gut   [ ] Gut   [ ] Befriedigend   [ ] Ausreichend   [ ] Ungenügend

Verkehrsanbindungen:

[ ] U-Bahn-Anschluss   [ ] Busverbindung   [ ] Sonstige Öffentliche Verkehrsmittel

[ ] Autobahn   [ ] Bahnhof   [ ] Güterbahnhof

Anschlussgebühren an Gemeinde / Stadtverwaltung bereits bezahlt?

[ ] Ja   [ ] Nein

Noch zu erwartende Kosten:

_____

_____

_____

Anschlüsse vorhanden?

[ ] TV   [ ] Telefon   [ ] Internetanschluss

Checkliste für Wohnungskäufer

Das Objekt ist zum Kauf angeboten seit mindestens
[ ] 4 Wochen   [ ] 3 Monate   [ ] 6 Monate   [ ] 1 Jahr

Alter der Immobilie - erbaut im Jahr: _____ - _____

Verkehrsanbindungen:
[ ] U-Bahn-Anschluss   [ ] Busverbindung   [ ] Sonstige Öffentliche Verkehrsmittel
[ ] Autobahn   [ ] Bahnhof   [ ] Güterbahnhof

Parkmöglichkeiten:
[ ] Freie Parkflächen   [ ] Anmietbare Parkflächen [ ] eigene Garage

Lage:
[ ] Sehr gut   [ ] Gut   [ ] Befriedigend   [ ] Ausreichend   [ ] Ungenügend

Dichtigkeit auf dem Dachboden:
[ ] Sehr gut   [ ] Gut   [ ] Befriedigend   [ ] Ausreichend   [ ] Ungenügend

Dichtigkeit im Keller:
[ ] Sehr gut   [ ] Gut   [ ] Befriedigend   [ ] Ausreichend   [ ] Ungenügend

Quadratmeter Keller: _____

Zustand Fassade:
[ ] Sehr gut   [ ] Gut   [ ] Befriedigend   [ ] Ausreichend   [ ] Ungenügend

Checkliste Betriebs- und Gewerbeimmobilien

Das Objekt ist zum Kauf angeboten seit mindestens
[ ] 4 Wochen   [ ] 3 Monate   [ ] 6 Monate   [ ] 1 Jahr

Alter der Immobilie - erbaut im Jahr: _____ - _____

Verkehrsanbindungen:
[ ] U-Bahn-Anschluss   [ ] Busverbindung   [ ] Sonstige Öffentliche Verkehrsmittel
[ ] Autobahn   [ ] Bahnhof   [ ] Güterbahnhof

Parkmöglichkeiten:
[ ] Freie Parkflächen   [ ] Anmietbare Parkflächen   [ ] eigene Garage

Lage:
[ ] Sehr gut   [ ] Gut   [ ] Befriedigend   [ ] Ausreichend   [ ] Ungenügend

Dichtigkeit auf dem Dachboden:
[ ] Sehr gut   [ ] Gut   [ ] Befriedigend   [ ] Ausreichend   [ ] Ungenügend

Dichtigkeit im Keller:
[ ] Sehr gut   [ ] Gut   [ ] Befriedigend   [ ] Ausreichend   [ ] Ungenügend

Quadratmeter Keller: _____

Zustand Fassade:
[ ] Sehr gut   [ ] Gut   [ ] Befriedigend   [ ] Ausreichend   [ ] Ungenügend

Zustand Stiegenhaus / Treppenhaus:
[ ] Sehr gut   [ ] Gut   [ ] Befriedigend   [ ] Ausreichend   [ ] Ungenügend

Checkliste im Anschluss an den Immobilienkauf

Alle Versicherungen kündigen – in der Regel binnen 8 Wochen nach Eintragung ins Grundbuch Erledigt am _____

Notizen:

_____

_____

_____

Ummelden von:

[ ] Telefon / TV / Internet   Erledigt am _____

[ ] Strom   Erledigt am _____

[ ] Gas   Erledigt am _____

[ ] Wasser   Erledigt am _____

[ ] Gemeindeabgaben   Erledigt am _____

[ ] Sonstiges   Erledigt am _____

Notizen:

_____

_____

_____

Checkliste Finanzierung

Eigenmittel vorhanden: [ ] Ja [ ] Nein

Eigenmittel in % von der Gesamtprojektsumme: ____ %

Kaufnebenkosten (Richtwert: 10% der Gesamtsumme): _____,___

Mögliche jährliche Mieteinnahmen: _____,___

Mögliche jährliche / monatliche Rückzahlung: _____,___

Mögliche Investorenpartner: _____,___

Möglichkeiten für Eigenmittelersatz:

_____

_____

_____

_____

_____

Dankeswort an euch liebe Leser, und wie dieses Buch entstand

Immobilientycoon und GeVestor

Mein erster Kontakt mit GeVestor reicht zurück ins Jahr 2014. Mein Team und ich waren gerade in der Vorbereitung zu meinem ersten mehrtägigen Immobilientycoon-Seminar, als eines meiner Teammitglieder den Kontakt zu GeVestor herstellte. Schon sehr bald war klar, dass eine der Kernzielsetzungen des Verlags, Menschen finanziell erfolgreicher zu machen, sich sehr gut mit meinen Zielen vereinbaren lässt, meine Kunden als Mentor auf dem Weg zur finanziellen Freiheit zu begleiten und ihnen damit die Möglichkeit einzuräumen, ihre Träume, Wünsche und Visionen zu leben. Schaut doch mal rein unter http://www.gevestor.de/immobilien

Vor einigen Monaten trat GeVestor an mich heran und lud mich ein, gemeinsam mit meinem Investorenkollegen Thomas Knedel, den ich sehr schätze, sowie dem Immobilienprofi Andreas Sell einen wöchentlichen Immobilieninvestoren- Newsletter zu schreiben und auf diese Art und Weise den Lesern zu helfen, mit verschiedenen Investment-Strategien ihr Immobilien-/Investmentwissen zu erweitern.

Nach mehreren Wochen des Schreibens des Newsletters „Immobilieninvestor" entstand in meinem Kopf auch erstmals der Wunsch, mein Immobilien-/Investorenwissen geballt in ein leicht lesbares und schnell umsetzbares Nachschlagewerk zu bündeln.

Da GeVestor von dieser Idee ebenso begeistert war wie ich, haltet ihr nun unser gemeinschaftliches Baby hier und jetzt in euren Händen.

An dieser Stelle möchte ich mich ganz besonders bei Kristin Andreas bedanken, deren persönliches Engagement es zu verdanken ist, dass dieses Buch nun erstmals im GeVestor Verlag erscheint.

Es ist zwar schon mein achtes Buch, allerdings mein erstes zu meinem geliebten Immobilienthema, und es ist mir eine besondere Freude, mein diesbezügliches Wissen an euch, liebe Leser, weiterzugeben. Ich möchte mich an dieser Stelle dafür bedanken, dass ihr euch für dieses Buch entschieden habt und freue mich über eure Testimonials und hoffentlich positive Feedbacks auf https://www.amazon.de/Lizenz-zum-Immobilien-Tycoon sowie unter folgender Mail-Adresse: immobilien-investor@gevestor.de

An dieser Stelle möchte ich euch als kleines Dankeschön auch noch zu unserem gemeinsamen Immobilieninvestoren-Newsletter einladen, den ihr mit nachfolgendem Link – für euch absolut kostenfrei – abonnieren könnt:

http://immo-elite.de

Außerdem würde es mich freuen, euch in nächster Zeit bei einem unserer Live-Seminare persönlich zu treffen. Wenn ihr hierzu Interesse habt, könnt ihr euch unter www.immobilientycoon.live gern anmelden. Als GeVestor-Kunde erhaltet ihr direkt beim Seminar einen 100-€-Gutschein, wenn Ihr beim Einchecken dieses Buch vorlegt.

Gutschein 100,-€

einlösbar bei Besuch eines Tagesseminars:

Lizenz zum Immobilientycoon

Kann nicht in bar abgelöst werden.